굿 멘토

당신이 성공하기로 결정한 순간

굿 멘토

당신이 성공하기로 결정한 순간

데이비드 코트렐 지음 | **박은지** 옮김

GOOD MENTOR

필름°

멘토에게 지혜를 구하고,
긍정적인 변화를 만들 용기를 내고,
원하는 사람이 되고자 결심한 사람들에게
이 책을 바칩니다.

성공하는 방법과 낭신의 지혜를 다른 사람과 나누는 방법을 가르쳐주는 굉장히 멋진 이야기다. 이 책 통해 배운 내용을 실천하면 당신이 성공을 향해 다가서는 데 도움이 될 것이다.

마셜 골드스미스Marshall Goldsmith, 《트리거》의 저자

저자 데이비드 코트렐은 이 책을 통해 내가 오랫동안 해온 말을 증명한다. 성공한 사람들 대부분은 성공을 향한 여정에서 신뢰할 수 있는 조언자의 도움이 없었더라면 지금의 성공을 얻지 못했을 것이다. 이 작은 책을 통해 큰 깨달음을 얻을 수 있다.

켄 블랜차드Ken Blanchard, 《칭찬은 고래도 춤추게 한다》의 저자

대단한 책이다! 책이 전하는 교훈은 간단하면서 심오하다고 할 만하다. 행동으로 옮기면 원하는 성공을 성취할 수 있다.

로레인 그럽스Lorraine Grubbs, 사우스 웨스트 항공사 전 인사 책임자

소중한 선물이다. 이 책은 당신이 최고의 모습을 이룰 수 있도록 길을 안내해주고 영감을 제공한다. 성공하고자 한다면, 다른 사람이 당신을 도울 기회를 주는 사람이 되라고 권하고 싶다. 이 책을 읽고 그런 사람이 되는 선택을 하자!

래리 샤퍼 Larry Shaffer, 인스퍼리티 마케팅 수석 부사장

자신만의 성공을 이뤄 다른 사람에게 영감을 주는 방법에 대해 대단히 흥미로운 관점을 제공한다.

멜리사 리프 Melissa Reiff, 컨테이너 스토어 대표

이 책은 당신이 목표를 세우고 장애물을 극복해 목적을 이루는 데 도움이 되는 멋진 아이디어가 가득하다.

브라이언 트레이시 Brian Tracy, 《잠들어있는 성공시스템을 깨워라》의 저자

모두 목표를 향해 더 빠른 추진력을 얻을 수 있는 비결을 원한다. 이 책은 가야 할 길은 여러 갈래고, 생각해 볼 방법은 다양하며, 여정에서 도와줄 사람이 많다는 것을 분명히 알려준다. 찾아보고 영감을 받을 수 있도록 언제나 책을 손에 닿는 곳에 두자.

발레리 소콜로스키Valerie Sokolosky, 폭스 뉴스 기고자 및 《Doing it right》의 저자

한 사람의 성공을 향한 여정에 대한 넘치는 영감과 흡입력이 있는 이야기.

빈스 포센트Vince Poscente, 뉴욕 타임스가 선정한 베스트셀러 작가이자 올림픽 선수

코치가 있으면 결과는 향상된다. 이 매력적인 책 속에 등장하는 잭 데이비스는 당신의 코치다. 당신이 꿈을 깨달을 수 있도록 도와주기 위해 현실적인 지혜를 알려주며 끊임없이 격려해준다.

리 J. 콜란Lee J.Colan, 《The Power of Positive Coaching》의 저자

기분이 좋진 않겠지만, 잭 데이비스는 아마 당신의 모습일 것이다. 흡입력 높고 깨우침을 주며 마음을 사로잡는 이 책은 쉽게 받아들여 실행으로 옮길 수 있고, 공감할 수 있으면서 이타적인 지혜를 보여준다. 더 만족스러운 방향으로 당신을 이끌어줄 이 훌륭한 책을 즐기자!

조던 그로스 Jordan Gross, 《What happens in Tomorrow world》의 저자

이 책을 읽지 마라. 푹 빠져들어라! 인생의 곳곳에 쏟아부어 교훈을 적용하자. 이 책은 현재 당신의 모습에서 원래 당신이 이뤘어야 할 모습으로 바꿔줄 것이다. 실행할 준비를 하자.

케빈 브라운 Kevin Brown, 《The hero effect》의 저자

당신이 성공을 향해 나아가는 데 필요한 교훈으로 가득 찬 책이다. 이 책이 가르쳐준 교훈은 훌륭한 개인 투자다. 특히 직원이나 가족과 함께 나눌 때 효과는 극대화된다!

앨 클락 Al Clark, 스테이트 팜 보험사 19년 연속 최고 보험 설계사

난 수백 명의 성공한 사람들이 엄청난 성공을 거둘 수 있었던 비밀을 알아내려고 지금까지 연구해왔다. 성공을 이룰 수 있었던 특별한 원칙을 세웠는지도 궁금했다.

어떻게 자기 관리를 했을까? 언제나 열정적이고 에너지 넘치게 일하는 비결이 무엇일까? 힘든 순간을 어떻게 참고 견딜까? 인생에서 우선순위를 정하고 안정을 찾는 방법은 무엇일까? 이 모든 질문은 단지 내 궁금증의 일부에 불과하다.

성공은 우연히 얻거나 갑자기 생기는 결과가 아니다. 그러니 상상할 수 없을 정도로 성공해서 행복에 성큼 다가설 비법이나 즉석복권 당첨과 같은 방법은 없다. 하지만 더 많이 이루려는 걸 방해하려는 거창한 음모도 없다.

성공과 행복은 인생을 더 잘살아 보려는 동기를 찾아

구체적인 행동으로 옮겨서 얻은 결과다. 또한, 신뢰할 수 있는 조언자에게 조언을 받아 먼저 겪은 경험을 존중하고 가르침을 따르면서 추진력을 얻는 것은 결코 우연이 아니다.

안타깝게도 대부분 사람은 자신이 바라던 모습으로 이끌어 줄 정도의 신뢰할 수 있는 조언자를 만나지 못한다. 그래서 그저 꿈을 실현할 방법을 혼자 고민하게 된다.

지금 당신이 그런 상황이라면, 이 책은 당신에게 필요한 이미 검증된 방향을 일러주며 격려해줄 것이다. 책에서 제시하는 교훈은 당신이 성공해서 원하는 행복을 성취하는 데 더 나은 선택을 하도록 도와줄 것이다. 이미 조언해 줄 사람을 찾았다면 이 책은 조언자와 더 심오한 대화를 나누는 방법을 가르쳐 준다.

이 책의 주인공인 잭 데이비스는 당신과 닮은 평범한 사람이라 더욱 공감대가 형성될 것이다. 잭은 오랫동안 열심히 일했지만, 일과 삶에 대한 열정이 점점 바닥나고 있었다. 우리는 이 책을 통해 잭이 멋진 성공을 향해 고군분투하며 계획을 세우고 여정을 떠나는 과정을 함께할 것이다.

'어떻게 하면 더 나아질 수 있을까?'라고 생각한 적이 있다면 지금 손에 든 이 책이 정답을 알려줄 것이다.

이 책이 보여주는 교훈은 단순하면서도 믿을 만하다. 그러나 간단해 보인다고 속으면 안 된다. 쉬운 길로 가려 하면 여정은 생각보다 더 어려워지는 것을 자주 목격했다. 교훈은 어렵지 않다. 돈이 많이 드는 것도 아니며 당장 오늘부터 시작할 수 있다.

이 책은 대부분의 사람이 설명보다는 공감을 통해 더 많이 배울 수 있다고 생각하여 꾸며낸 이야기 형식으로 집필했다. 이 책에서 9개의 수업을 함께할 것이며, 잭이 인생과 직업을 통제하는 방법을 배울 때 당신 역시 함께하게 될 것이다.

이 책은 단숨에 끝까지 읽을 수 있다. 혼자서 읽어도 좋지만, 다른 사람을 당신의 여정에 초대해보자. 조언자 역할을 하며 당신이 계속 나아갈 수 있도록 응원해주는 사람이 주변에 있을 때 변화는 더 쉽게 일어난다. www.CornerStoneLeadership.com에서 시작할 때 도움이 될 만한 무료 토론 가이드를 참고할 수 있다.

성공을 향한 당신만의 여정을 시작해 삶에 긍정적인

변화를 만들어 주변 사람들과 관계를 개선하고 최선의 모습을 이루자.

이 책이 그 모습을 이루는 데 도움을 줄 것이다.

내 이름은 잭 데이비스다. 처음 성공과 행복을 찾는 여정을 시작했을 때, 내 모습은 지금 당신의 모습과 매우 비슷했을 것이다.

난 열심히 일하며 그럭저럭해 나갔던 좋은 사람이었다. 처음 일을 시작했을 때는 잘나갔지만, 지금은 그저 '간신히 버티고 있다'는 기분이 든다. 항상 스스로 긍정적이고 자신감 넘치며 추진력이 있다고 믿었는데, 요즘은 그게 진짜 내 모습이었는지 의문이 든다. 자존감이 무너져 내렸다. 난 그저 과거에 사로잡힌 그림자일 뿐이고, 매일 내가 잡고자 하는 행복에서 점점 멀어지는 것 같았다.

그런 식으로 생각하면 할수록 점점 더 사실처럼 보여서 최악으로 치달았다. 직장에서 좌절감을 느끼면서 집에서도 가족이랑 상관없는 좌절감을 느꼈다. 결혼생활은 행복했지만 집은 지루한 일상의 반복이었다. 건강마저도 좋지 않았다. 인생에 별다른 진전이 없었고 꿈은 천천히 무너졌다.

막막했다. 난 가족과 함께 더 많은 것을 누리고 살길 바랐다. 더 잘할 수 있을 것만 같은데 도움이 필요했다. 어디로 가야 하고 무엇을 해야 할지 몰랐다.

어느 날 퇴근길에 성공과 행복을 주제로 다루는 팟캐스트를 들었다. 사회자는 '혼자서 성공한 사람'은 드물다고 했고, 설령 있다 해도 주변의 도움을 받지 않고 엄청난 성공을 거두는 사람은 거의 없다고 말했다. 그리고 경험을 이야기해주고 지식과 열정을 나눠주며 지혜를 가르쳐준 멘토들을 언급했다. 멘토가 도와주지 않았다면, 아마 혼자 힘으로 결코 성공할 수 없었을 거라고 했다.

팟캐스트를 듣다 말고 나는 큰소리로 외쳤다.

"멘토가 누구지? 어디서 찾을 수 있지? 나를 기꺼이 이끌어줄 사람이 있을까? 내가 정말 되고 싶은 사람이 되려면 날 도와줄 사람을 아니, 사람들을 찾아야 해."

그렇게 내 여정은 시작됐다.

이건 내 이야기다. 당신은 상황을 통제하고 개선하는 방법을 가르쳐준 내 스승에게서 많은 것을 배울 것이다. 교훈은 당신의 생각을 자극하고 실용적인 도구를 제공하며, 내가 도움받았던 것처럼 당신이 이루고자 하는 모습을 꿈꾸게 한다. 그러니 이 여정을 즐기자!

CONTENTS

JACK'S LESSONS

과감하게 돌파하라

모든 일을 통제할 순 없지만
다음으로 할 행동은 통제할 수 있다

BLAST PAST TOUGH

난 경험을 공유해 줄 멘토를 찾기 시작했다. 목적을 달성하는 방법을 배우고 싶었다. 그리고 성공한 사람과 내가 무엇이 다른지 알고 싶었다. 친구와 이웃, 직장에서 여기저기 물어보며 방법을 찾았다.

"주변에 성공한 사람 중에 나와 흔쾌히 상담해 줄 사람이 있을까요?"

여러 사람을 추천받았지만, 빈스 개럿이란 이름을 언급하는 사람이 많았다. 빈스는 지역 병원을 운영하는 최고 경영자였다. 게다가 지역에서 가장 존경받는 인물이자 자선 사업도 활발히 하는 사람으로 유명했다.

하지만 고민이 되었다. '모르는 사람한테 전화해서 조

언을 구해야 하나?' 내 자존심은 하지 말라고 아우성쳤지만, 내면의 이성은 '안 될 건 또 뭐야?'라고 말했다. 어차피 손해 볼 건 없었다. 빈스에게 연락해 보자고 결심한 뒤 실제로 전화를 걸 용기를 내기까지 몇 주가 걸렸다. 마침내 망설임을 극복하고 드디어 전화할 타이밍이 왔다고 느꼈다.

실제로 통화하기 전까지 빈스와 난 문자를 여러 번 주고받았다. 비로소 직접 전화를 했을 때 난 너무 긴장해서 직접 적은 노트를 계속 들여다봤다. 내 상황을 간단히 설명하고는 앞으로 목적한 바를 이룰 때까지 필요한 일은 무엇이든 할 수 있다고 말했다. 빈스는 내 부탁을 들으면서 몇 가지 질문을 던졌고, 일정을 확인하며 곰곰이 생각해 보더니 고맙게도 다음 주 월요일 아침에 나를 만나겠다고 했다.

월요일 아침이 되어 30분 정도 걸리는 빈스의 사무실에 가기 위해 집을 나섰다. 가면서도 도와달라고 요청했던 내 모습이 한심했다. "창피하다. 그냥 둘 다 시간만 낭비하고 있네." 한숨을 쉬며 중얼거렸다. 솔직히 빈스와 만난다고 달라지는 것이 있을지 다소 부정적이었다. 잠시 혼자 자책하며 차를 돌려 다시 집으로 돌아갈까 생각했다. 하지만 곧 마음을 추스르고 이 만남이 어쩌면 꼭 필요하다고 생각했다. 난 지금 막막함을 헤쳐 나갈 수 없어 도움이 필요했다.

사무실에 도착하니 빈스는 이번 주에 강연하기로 한 연설문 초안을 작성하고 있었다. 빈스는 바로 노트북을 덮고 나를 맞이했다. 목소리는 온화했으나 말투는 단호했다. 매우 환한 미소 덕분에 바로 마음이 편해질 수밖에 없었고 시선은 온전히 내게 고정하고 있었다. 친절하고 정이 많으며 성공한 사람이란 첫인상을 받았다.

작고 둥근 테이블에 앉기 전, 내게 커피를 마시겠냐고 권했다. 컵에 커피를 따르고 실수로 잔이 넘치도록 설탕과 크림을 많이 넣었다. 당황해서 바보 같다고 생각하면서 수위를 얼른 줄이려고 짙은 갈색 음료를 조심스럽게 마셨다.

잠시 커피로 인해 생긴 작은 소동을 이야기하고 웃으면서 어색한 분위기를 풀었다. 빈스는 깔끔하게 다림질을 한 셔츠 위로 완벽하게 맨 넥타이를 약간 느슨하게 풀며 물었다.

"어떻게 도와드릴까요?"

"시간을 내주셔서 감사합니다."라고 말한 후 난 잠시

목을 가다듬느라 말을 멈췄다.

"성공의 비결을 기꺼이 가르쳐주시는 분이라며 선생님을 추천해 준 사람이 많았습니다. 인생을 살면서 지침으로 삼았던 현명한 조언과 원칙을 배우고 싶습니다. 전화로 말했듯, 지금 전 상당히 힘든 시기를 보내고 있습니다. 막막해서 혼자선 길을 찾을 수 없을 것 같아요. 다시 일어서 더 나은 사람이 될 수 있도록 이끌어주실 분을 찾고 있습니다. 그래서 선생님께 가르침을 받고 싶어서 전화했습니다."

빈스는 커피를 한 모금 마시면서 대답하기에 앞서 미소를 지었다.

"우선, 내 의견을 물어봐 줘서 고마워요. 지금 당신이 겪고 있는 상황을 나도 겪어봤기 때문에 어떤 상황일지 무척 공감이 갑니다. 전화를 걸기까지 꽤 많이 용기 내야 했을 겁니다. 많은 사람이 힘든 상황을 고쳐보려고 어떤 결정을 내리지만, 그러고 나서 아무런 행동도 하지 않아 실패합니다. 행동으로 실천하지 않는 결심은 의미가 없어요. 내 얘기를 듣고 연락해 주다니 기분이 좋네요. 언제가 됐든 간에 사람은 현실과 이상 사이에 있는 엄청난 차이를 깨닫고 극복해야 합니다. 지금으로선 상상도 못 할 일이겠지만 지금처럼 힘든 시기를 겪어야만 깨달을 수 있는 것들이 있습니다."

고개는 끄덕였지만 내가 처한 상황에서 어떤 좋은 결과가 나올 수 있을지 믿기 어려웠다. 빈스는 계속 말을 이었다.

"만나기까지 시간이 좀 걸렸지만, 우리가 한 약속을 끝까지 포기하지 않았다는 한 가지는 대단하다고 칭찬하고 싶군요. 끈기와 결단력은 훌륭한 자질입니다. 시간을 맞출 수 있어서 기쁘네요."

"당신에게 시간은 소중하죠. 당신을 만나는 이 자리가 제게는 중요하기 때문에 선생님을 만날 수만 있다면 무슨 일이든 기꺼이 감수할 수 있었습니다."

빈스는 의자에 등을 기대며 말했다.

"좋게 봐주시니 감사합니다. 그러나 내게 물어봤던 질문에 쉽게 대답할 순 없습니다. 성공의 비결이 담긴 원칙? 현명한 조언?"

말을 이어가기 전에 그는 잠시 침묵했다.

"사람은 각자 스스로 행복의 열쇠를 찾아야 합니다. 전혀 다르지만 상호 작용을 일으키는 여러 가지 일에 익숙해져야 합니다. 성공은 연습도 없이 즉흥적으로 이루는 것이 아니라 오르막길도 내리막길도 모두 겪는 과정입니다. 당신이 설명했던 실망스럽고 힘든 나머지 도움이 필요한 상황은 새삼스러운 것이 아닙니다. 다시 정상 궤도에 오를 수 있는 비결은 지나치게 신경 쓰지 않는 겁니다. 좌절하면 모든 게 실제보다 더 심각해 보이죠. 그럴 때일수록 성급하게 극단적인 결정을 내리면 안 됩니다. 하지만 그렇다고 마냥 앉아서 기적적으로 상황이 나아지길 바라서도 안 됩니다."

"압니다. 여기 오길 잘했네요."

빈스는 여전히 내게서 시선을 떼지 않았다.

"조언을 구하겠다는 판단은 잘 생각했습니다. 적극적으로 도움을 찾아 상황을 개선하는 것이 최고의 방법이란 사실을 난 몇 년 전에 깨달았습니다. 믿거나 말거나 현재 힘든 시기를 극복하는 중인 사람도 있고, 아직 겪고 있는 사람도 있으며 모든 게 그저 삶의 일부에 불과합니다. 오늘 만남이 계기가 돼서 도달하고자 하는 모습을 향한 변화를 일으키는 첫걸음을 시작할 수도 있습니다."

나는 검지로 커피 잔의 가장자리를 만지작거리면서 잠시 망설였다.

"조언을 얻고 상담을 받아보자고 결심하기까지 꽤 오랜 시간이 걸렸습니다. 제가 도움이 필요하단 사실을 쉽게 인정하고 싶지 않았어요."

"많은 사람이 인정하는 데 서툴죠."

빈스가 미소를 지으며 말을 이었다.

"당신의 상황이 나아지도록 마술 지팡이라도 휘둘러 줄 수 있으면 좋으련만. 하지만 그런다면 당신은 지금 겪는 여정에 감사하지 않겠죠."

'이 여정에 감사를? 퍽이나 그런 생각이 들겠다.' 난 속으로 비꼬며 말했지만 겉으로는 동의하며 고개를 끄덕였다.

"인생에서 당신이 원하는 것을 이루지 못하게 방해하는 거대한 음모가 없다는 사실을 받아들여야 합니다. 성공과 행복에 있어서 누구는 장점만 있어서 성공하고 누구는 단점만 있어 실패하게 하는 조작은 없습니다. 당신이 불행하도록 누가 사주하는 것이 아닙니다. 현재 맞닥뜨린 문제는 당신을 망가뜨리려는 것이 아니라 당신이 가야 하는 올바른 길로 경로를 다시 설정하는 과정입니다. 그러니 피해자라고 여기지 말고 '나한테 왜 이런 일이 일어나지?' 하고 이유를 스스로 되물어 보세요. 여기서 얻어야 하는 교훈이 무엇일까요? '나한테'가 아니라 '나를 위해'로 내게 일어나는 일을 바라보는 생각의 관점을 바꿨을 때 훨씬 빠르게 변화가 생길 수 있습니다."

나는 빈스의 말을 자르며 말했다.

"수긍하기 힘듭니다. 상황이 힘들면 긍정적으로 생각하기가 어려워요. 지금 저한테 모든 일이 한꺼번에 일어나고 있는 것 같아요. 지금 상황에서 저를 위한 이유가 있을 거란 생각은 전혀 들지 않습니다."

빈스는 신중하게 내 얘기를 듣고는 대답했다.

"지금 느끼는 감정은 당연한 반응입니다. 하지만 어쩌면 현재 상황이 이렇게까지 된 원인처럼 보이네요. 막막하다고 하셨죠. 헤쳐 나가려면 피해자가 아니란 사실을 인정해야 합니다. 인생엔 끝없는 오르막길과 내리막길로 이어져 있습니다. 피해자라는 함정에 빠지면 깊은 바닥으로 떨어

지죠. 바닥에서 벗어나지 못하면 다시 정상에 도달하는 것
만 늦어질 뿐입니다."

나는 될 수 있으면 핑계처럼 들리지 않도록 말했다.

"무슨 말씀인지 알겠어요. 하지만 모두가 때론 피해자
라는 늪에 빠지지 않나요? '세상에 내가 제일 슬픈 사람이
야.'와 같은 사람이 되고 싶지 않지만 일어나는 모든 일을
정말 제어할 수가 없습니다."

"물론, 피해자 같단 생각이 드는 게 당연하지만 감정
에 깊이 빠져들면 성공한 사람이 되려는 목적에 방해될 것
입니다. 그러니 손해를 본단 생각에 빠지지 않는 것은 전적
으로 당신에게 달렸습니다. 일어나는 모든 일을 통제할 순
없지만, 내게 연락한 것처럼 다음으로 할 행동은 통제할 수
있습니다. 탁월한 조치였죠. 성공한 사람들을 관찰해보고
얻은 결론은 성공한 사람은 자신만이 지닌 독특한 재주를
파악하고 디딤돌로 삼았을 때 성공을 이루며 행복해진다
는 것입니다. 당신도 할 수 있어요."

난 일부러 소리 내서 웃었다.

"그럼 제 재주는 어떻게 찾을 수 있나요? 딱히 자랑거

리가 없습니다. 지금 제 인생에서 좋은 일이 별로 없거든요."

"당연히 일이 잘 풀렸다면 우리가 만날 일은 없었겠죠. 당신과 마찬가지로 대부분 평범한 사람은 아마 약점을 과대평가하고 재능을 과소평가할 겁니다. 많은 사람들이 자신이 가진 특별한 재능을 모릅니다. 막막하고 좌절감을 느끼는 것은 드문 일이 아닙니다. 그래도 스스로 원하는 모습을 성취할 방법을 물어보며 찾고 있으니 당신은 특별합니다. 여정을 통해 당신만의 특별한 재능을 찾을 수 있으니… 두고 보세요."

빈스는 자기가 한 말을 내가 이해할 수 있도록 시간을 준 뒤, 다음 말을 이었다.

"난 행복과 성공을 이룰 수 있다고 믿습니다. 어떻게 정의하든 간에 우선 자신을 대단하게 여겨야 합니다. 가장 최근에 했던 결정이나 다음에 내릴 결정에 따라 자존감이 흔들리면 안 됩니다. 그리고 경제 능력이나 투자 실적, 날씨 등 직접 통제할 수 없는 요소로 동요하면 안 됩니다. 스스로 대단하다 여기지 않으면서 다른 사람이 자신을 대단하게 여겨주길 바랄 순 없습니다."

빈스가 해준 조언은 진심 어리면서도 단호했다.

"업무 성과뿐만 아니라 가정생활도 당신의 모습을 반영합니다. 자부심 없이 개인적으로나 직업적으로 성공하기는 어렵고 거의 불가능합니다. 날 만나러 와줘서 기쁘지만 당신의 여정은 거울에 비친 자신의 모습에서부터 시작합니다. 그게 내가 당신에게 해줄 수 있는 최선의 조언입니다."

난 고개를 끄덕이며 말했다.

"저도 와보길 잘한 것 같습니다. 그리고 무슨 말씀이신지 알겠습니다."

"내게 가장 유용했던 원칙이 무엇이었냐는 질문에 대한 대답은 간단합니다. 난 과감하게 돌파했습니다. 도중에 무슨 일이 생겨도 개의치 않고, 상황이 힘들어져도 계속 앞으로 나아갈 수 있다면 무슨 일이든 했습니다."

"무슨 의미죠? 어떻게 과감하게 돌파하는 거죠?"

"희망적인 미래를 향해 계속 앞으로 나아가는 가장 좋은 방법은 적극적으로 행동하는 것입니다. 다시 말해, 남 탓을 하거나 상황을 불평하거나 핑계를 대지 않고 스스로 온전히 모든 책임을 진다는 의미입니다. 내가 얻은 결과가 마음에 들지 않으면 내가 했던 행동을 먼저 돌아봅니다. 그리고 운이 나빴다거나 상황이 안 좋았다고 탓하는 것을 그만둬야 했죠. 내 행동뿐만 아니라 생각에도 책임져야 했습니다."

빈스는 잠시 멈추었다가 말했다.

"그런데 받아들이긴 어려웠지만 주위를 둘러보니 비난은 전혀 도움이 되지 않았습니다. 사실, 다른 사람을 비난하면서 변화를 일으킬 힘을 빼앗겼죠. 변명한다고 자신감이 향상하지 않았고, 대부분 내 불만 사항을 해결해 줄 수 없는 사람들에게 불평을 쏟아냈습니다. 게다가 냉혹한 현실은 대부분의 사람들이 내 문제에 관심도 없다는 것입니다. 그리고 관심을 보인 사람은 내가 고민을 한다는 사실을 오히려 즐겨서 더욱더 놀라웠죠. 어떤 상황에서도 비난하거나 불평하거나 변명하는 거로 상황이 나아지지 않았습니다. 오히려 시간 및 감정 소모, 에너지 낭비였죠."

빈스의 말에 난 솔직하게 말했다.

"저도 공감합니다. 저 또한 다른 사람을 비난하며 불평하고 핑계 대던 실수를 범했습니다. 즐긴 건 아니지만 주변 사람 대부분은 저와 같은 굴레에 빠진 것 같더군요. 그리고 솔직히 말하면 긍정적인 일이 거의 없다 보니 부정적인 생각에 사로잡히기도 쉬운 것 같아요."

빈스는 격려하는 듯했지만 흔들림이 없이 말했다.

"알아요. 하지만 쉽게 얻는 것은 가치가 별로 없습니다. 살다 보면 사람이든 일이든 발전을 방해하죠. 그러면 힘든 상황에서 물러서든 돌파하든 결정을 내려야만 합니다. 이것만은 절대 잊지 마세요. 당신의 성공과 행복은 주변에서 일시적으로 일어나는 상황이 아니라, 결국 당신이 내린 결정으로 형성됩니다. 현재의 모습과 미래에 원하는 모습 사이에서 격차를 줄이는 방법은 당신이 하는 행동에 달렸습니다. 물론 현재 상황이 불공평할 수도 있고 이런 일이 당신에게 일어난 이유를 전혀 이해할 수 없을지도 모릅니다. 그래도 대처 방법은 선택할 수 있습니다. 정면 돌파하거나 포기하는 거죠. 제어할 수 없다면 부정적인 상황이 말 그대로 당신의 생각을 파고들어 행동을 잠식하고 열정이 사라져서 앞으로 발전할 수 있는 능력을 빼앗길 겁니다."

빈스는 잠시 침묵하다 말을 이었다.

"지금 이 자리에서 당신은 인생이 바뀔 만한 순간을 경험하고 있으니 감사할 일입니다."

차갑고 냉혹한 내 현실을 선뜻 받아들이기가 싫어서 잠시 우물쭈물했다.

"글쎄요, 전 이 막막한 상황에 놓인 제 처지에 감사한 마음이 전혀 들지 않습니다. 그리고 화가 나서 억울한 심정을 떨쳐 버리기도 쉽지 않습니다. 여기 앉아 선생님에게 제 고민을 상담하는 것조차 부끄럽습니다."

빈스는 내 말에 놀라지 않았다.

"창피할 수도 있겠지만, 이 방문을 들어선 오늘 당신은 큰 진전을 이뤘어요. 대부분 사람은 갑자기 힘든 일이 생기면 놀라지만 놀랄 이유가 없습니다. 누구나 힘든 일은 겪으니까요. 그저 당신에게 지금, 이 순간에 힘든 일이 일어난 거죠. 버티면서 상황을 받아들이고 시선은 정면을 향한 채 앞으로 헤쳐 나갈 방법을 찾아야 합니다."

"그러니까 제가 버티기만 하면 상황이 나아질 거라고 말씀하시는 건가요?"

빈스는 재빨리 대답했다.

"그 부분은 정확히 짚고 넘어갑시다. 유감스럽게도 그렇게 간단하지 않습니다. 너무 오래 끌면 실패할 수도 있습니다. 줄에 매달려 있는 것과 비슷합니다. 산에서 암벽을 타고 내려가려면 온 힘을 다해 밧줄에 매달려야만 합니다. 줄을 놓치면 죽을 수도 있죠. 하지만 수상 스키를 타다가 균형을 잃었다고 가정해봅시다. 줄을 계속 잡고 있으면 여기저기 내동댕이쳐질 겁니다. 그럴 때 줄을 놓지 않으면 몸이 수면에 사방으로 부딪쳐 죽겠죠. 다시 말해, 줄에 매달려야 할 때와 줄을 놓아야 할 때를 구분하는 것이 중요합니다."

"하지만 그 시기를 어떻게 구분하죠?"

내 표정을 보며 빈스는 신중하게 대답했다.

"적절한 질문이군요. 당신은 신념과 이성을 반반 섞어 결론을 내야 합니다. 우선 인생의 이 시점에서 당신에게 꼭 필요한 것을 추구한다는 신념faith을 가져야 합니다. 그러고 나면 적정성reasonable 테스트를 통과해야 하죠."

빈스의 목소리는 더욱 진지해졌고, 나를 바라보는 시선은 한층 날카로워졌다. 빈스는 나를 향해 몸을 앞으로 기울였다.

"오직 자신이 하는 소리만 듣고 싶을 수도 있지만… 대개는 듣고 싶은 대로 들을 겁니다. 잘 들어요. 신뢰할 수 있는 조언자가 당신이 가진 신념을 반드시 확인해 줘야 합니다. 당신의 계획을 조언자에게 상담하면 합리적인 계획인지 판단할 수 있도록 도와줄 것입니다. 무엇보다 성공을 측정하는 방법을 당신이 책임질 수 있도록 도와줄 것입니다."

난 자랑스럽게 대답했다.

"조언해 줄 만한 친구는 여럿 있습니다. 친구들은 절 돕고 싶어 하죠. 제게 조언해 준 내용도 꽤 만족스러웠습니다."

"친구들이 해준 조언을 어떻게 생각하는지 이해하지만, 다른 관점에서 생각해 보기를 권하고 싶군요. 제가 개인적으로도 경험했고 다른 사람도 많이 봐온 입장에서 말씀드리자면 친한 친구들은 대단한 조언을 해주지 않습니다. 당신이 꿈을 추구하길 바라니까 의욕을 꺾거나 감정을 상하게 할 말은 하지 않아요. 당신을 성공으로 이끌 수도 실패하게 할 수도 있으므로 조언자의 역할은 매우 중요합니다. 가장 좋은 조언자는 전문직에 종사하는 지인으로 당신보다 경험이 많고 상처를 주더라도 자신의 관점에서 당신에게 진실을 말해줄 수 있는 사람이 확실히 낫습니다. 편견에 사로잡히지 않고 당신이 앞으로 발전할 수 있도록 신념에 확신을 주기도 하고 포기해야 할 타당한 이유를 말해줄 겁니다."

난 반박했다.

"네. 하지만… 제 상황이 복잡하고 명확한 해답이 없으면 어쩌죠?"

"조언자는 당신의 목표가 현실적인지 아닌지 판단할 수 있도록 도와줄 것입니다. 신중하게 생각해서 내린 결정이 끝까지 포기하지 않는 것이라면 전속력으로 밀어붙이세요. 하지만 꿈을 포기해야 한다면 그 결정에 용기를 내세요. 양쪽에 걸쳐 어중간한 태도는 취하지 마세요. 그리고 계속하기로 마음먹었다면 처음 장애물을 마주했을 때 그만둘 생각은 하지도 마세요."

빈스는 더욱 강조하며 말했다.

"대부분 사람은 목표가 무리하거나 비현실적이어서

포기하는 것이 아닙니다. 인내심이 부족해서 포기하죠. 익숙한 곳으로 물러서고 대부분 성공을 거두기 직전에 도망칩니다. 사람들은 성공에 이르는 과정이 힘들어 중도에 포기합니다. 고치기로 마음먹었으면 갑작스러운 변화에 감당을 못해서 중립으로 전환하고 싶은 마음이 들지라도 과감하게 돌파해야 합니다. 목표를 향해 움직일 때 드는 두려움엔 강한 힘이 있습니다. 사실, 너무 강력해서 당신을 무력하게 만들 수도 있죠. 하지만 상황이 아무리 절망적으로 보여도 계속 밀어붙여야 합니다. 멈추지 마세요. 두려워하지 마세요. 안장에 올라타서 계속 달리세요. 거침없이 길을 떠나야 합니다."

"마음이 심란해지네요."

"중간에 포기하는 사람은 성공한 사람이 될 기회를 놓칩니다. 계속 전진해야 합니다. 불평하며 합리화하고 다른 사람을 비난하면서 소모한 에너지로는 변화를 일으키지 못합니다. 오히려 상황을 과감하게 돌파할 때 필요한 에너지를 낭비할 뿐입니다. 그리고 평범한 사람이라면 분명히 쉬운 길을 택하고 싶은 충동을 느낄 겁니다. 하지만 쉬운 길은 조심하세요. 믿거나 말거나 쉬운 길은 대개는 더 멀리 돌아가는 길입니다."

빈스가 일러준 지혜에 감사한 마음이 들었다.

"저도 같은 생각입니다. 인정하고 싶지 않지만 저도 다시 원점으로 되돌아와야 했던 지름길을 선택한 적이 많습니다."

그때 빈스의 비서가 방에 들어와 다음 일정에 참석해야 한다고 알려줬다.

"대화를 계속하고 싶지만 내가 다음 약속이 있습니다. 다만, 상상도 할 수 없을 만큼 성공해서 갑자기 행복해질 수 있는 마법 같은 일은 단 한 번도 일어난 적이 없다는 사실을 강조하고 싶습니다. 성공을 이뤄 행복한 사람들은 단순히 행운의 여신이 미소 지어줘서 갑자기 기적적으로 성공을 거머쥔 특별한 사람이 아닙니다. 성공과 행복을 이룰 수 있는 계획을 잘 지킨 사람들입니다. 내가 아는 한 성공은 혼자서 하룻밤 사이에 이루는 것이 아닙니다. 성공하기까지 몇 년이 걸렸고 주변에서 도와줬죠. 잭, 출발이 좋습니다. '변화를 일으키지 않으면 달라지는 것은 없다.'라는 말을 들어본 적이 있을 겁니다. 당신은 첫걸음을 내디뎠습니다. 상황이 더 나빠지거나 더 좋아질 수 있는 선택이 있었죠. 당신은 선택했고 이제 상황은 더 나아지기 시작할 것입니다. 지금 당장 이 자리에서 상황을 통제하는 것은 당신에게 달렸습니다."

빈스는 일어서며 물었다.

"대답해 줄 수 있다면 지금부터 어떻게 해야 할지 물어도 될까요?"

나는 소심하게 대답했다.

"잘 모르겠습니다. 상담해본 건 선생님이 처음이고 결과가 어떨지 확신이 없습니다. 그런데 하나 짚고 넘어가고 싶은 것이 있습니다. 아까 제 상황에 감사해야 한다고 하셨는데, 어떻게요? 이렇게 막막한 상황에서 어떻게 감사하는 마음이 들죠?"

빈스는 대답하기 전에 잠시 머뭇거렸다.

"해답은 스스로 찾을 겁니다. 난 당신이 최고의 모습을 찾을 수 있을 거라고 장담합니다. 그리고 지금 겪는 힘든 시기를 과감하게 돌파하지 않고선 결코 어떤 잠재력도 찾을 수 없다는 것을 깨달을 것입니다. 두고 보세요."

"그러면 좋겠습니다."

대답은 했지만 회의감이 들었다.

"현재 제가 처한 상황을 생각하면 썩 기운이 나지는 않지만 반드시 최선을 다하겠습니다."

내 말에 빈스는 기뻐 보였다.

"훌륭합니다. 지금 처한 상황이 어떻든 간에 반드시 극복할 수 있다는 걸 명심하세요. 그리고 정보 수집을 꾸준히 하는 것이 좋습니다. 대화를 통해 정보를 수집하면서 몇 가지 행동으로 옮길 수 있는 전략을 꼼꼼하게 챙기세요. 그렇게 얻은 아이디어를 활용하면 자신만의 성공 전략을 세울 수 있습니다."

빈스의 말에 난 처음으로 환하게 웃었다.

"꼭 그러겠습니다. 벌써 선생님을 만나고 나서 깨달은 행동 지침이 있습니다. 격려해 주시고 시간을 내주셔서 감사합니다."

그리고 계속 물어보길 주저했던 질문을 하나 했다.

"혹시 제가 조언을 얻을 만한 분을 추천해 주실 수 있을까요?"

빈스는 잠시 생각에 잠겼다.

"당신이 성공하기까지 필요한 변화를 일으키겠다는 마음이 얼마나 진지한가요?"

"전 매우 진지합니다. 어찌할 바를 모르겠어요."

빈스는 날 똑바로 바라보며 내 진심을 가늠하는 듯 보였다.

"발전 및 실질적인 변화를 이루려면 원칙과 정해진 절차를 따라야 합니다."

그러고는 빈스는 내가 기대한 것 이상을 제안했다.

"기꺼이 감수할 의향이 있다면 나도 당신에게 기꺼이 시간을 투자하겠습니다. 다만, 두 가지 요구 사항이 있습니다. 8주 동안 매주 월요일 아침 일찍 나와 수업을 하고, 그 과정에서 변화를 일으키겠다고 약속하는 것입니다."

나는 깜짝 놀라며 얼른 대답했다.

"물론 전 당연히 선생님께 배우겠습니다. 하지만 8주는 긴 시간입니다. 정말 그 정도 시간을 제게 투자해도 괜찮으신가요? 혹시 3~4주로 줄이는 방법이 있을까요?"

빈스가 고개를 끄덕였다.

"무슨 의미인지 압니다. 하지만 영구적으로 달라지려면 충분한 시간을 들일 필요가 있습니다. 8주라는 시간 동안 당신이 되고 싶은 모습을 찾는 과정에서 발생할 가능성이 있는 거의 모든 방해 요소를 단편적으로 살펴볼 것입니다. 긴 시간처럼 들리겠지만 장담하건대 눈 깜짝할 새 지나갈 겁니다."

빈스를 내 멘토로 삼다니 매우 기분이 좋아서 활짝 웃었다.

"시간과 장소만 말해주세요."

"좋습니다. 다음 주 월요일 아침 6시 30분까지 여기로 오세요. 여기서 바로 출근할 수 있도록 7시 30분에 끝낼 겁니다."

"완벽하네요! 감사합니다. 벌써 혼자서 깨닫거나 친구에게선 배울 수 없는 요령을 가르쳐주시네요. 다음 주 월요일 아침에 뵙겠습니다."

여러 감정이 뒤섞인 채 복잡한 심경으로 빈스의 사무실을 나섰다. 여전히 현재 처한 상황 때문에 나 자신이 한

심했지만 빈스에게 조언을 구하려고 전화한 것은 잘한 일이었다. 그리고 빈스가 멘토로서 내 성공 계획을 짜는 것을 도와준다고 직접 나서다니 매우 기뻤다.

이로써 내 여정의 첫걸음을 내디뎠다.

과감하게 돌파하라

성공과 행복은 폭발적이면서 순간적인 한 번의 결과로 얻을 수 없다. 서로 의존적으로 연결돼 어우러진 여러 가지 요소다.

◆◆◆

친구가 아닌 사람 중에 멘토가 필요하다.

◆◆◆

자신의 모습은 성과에 투영된다.
그러므로 자신을 대단하다고 여겨야 한다.

◆◆◆

행복을 방해하는 엄청난 음모는 없다. 상황을 불평하거나
남 탓을 하거나 핑계를 대지 않고 온전히 인생을 주도해야 한다.

◆◆◆

대부분 지름길은 가장 오래 걸리는 길이다.

◆◆◆

나를 시험하는 고난은 나를 망가뜨리려는 것이 아니다.
내가 옳은 길로 갈 수 있도록 방향을 틀어 준다.

GOOD MENTOR

방황은 그만

인생에서 무슨 일이 일어나든
이 또한 지나간다

QUIT DRIFTING

빈스를 만나고 와서 자세히 검색해 보니 그는 의료 업계에서 전설적인 거물이었다. 놀랍게도 의료사업을 운영하기 전에는 파산 위기에 처했던 몇몇 민간 기업과 공기업을 구제해 성공으로 이끌었다고 한다. 빈스는 어려운 상황에서도 항상 침착하게 극복할 방법을 찾는 통찰력이 있는 지도자로 알려져 있었다.

　　월요일이 그렇게 더디게 돌아올 수가 없었다. 스승님께 어서 가르침을 받고 싶었다.

　　로비에 도착하니 크고 잘 꾸며진 사무실로 안내받았다. 사무실은 티끌 하나 없이 깔끔했다. 책상 위에 어질러진 물건이나 바쁜 사람에게 흔히 보이는 정신없이 일을 벌인 흔적도 없었다. 오히려 빈스의 사무실은 정반대였다. 모든 것이 확실한 통제하에 있다는 느낌을 받았다.

빈스가 등장했고, 그의 모습은 인상적이었다. 한 올 한 올 깔끔하게 정돈한 머리에 맞춤양복을 입고 있었고, 창문으로 들어오는 아침 햇살이 반사되며 광이 나는 검은 구두를 신은 그는 외모에서 차분한 태도를 그대로 보여줬다.

그를 따라 사무실로 들어서자 벽에 걸린 "방황은 그만!"이라는 글귀가 눈을 사로잡았다. '재미있네.'라는 생각이 들었다. 빈스는 여러 기업에서 사회 이사를 역임했고, 누가 봐도 대단히 성공한 사람이었다. 그러나 사무실에는 성공을 보여줄 만한 액자나 상패 같은 물건이 전혀 없었다. 벽에 유일하게 걸린 것은 단순한 글귀 "방황은 그만!"뿐이었다.

우리는 가벼운 대화를 주고받으며 안락한 마호가니 의자에 편안하게 앉았다. 좋아하는 대학 축구팀에 관한 이야기를 잠시 유쾌하게 나누고, 다시 한번 시간을 내서 만나준 것에 고마운 마음을 전했다. 빈스는 사람을 편하게 해 주어 지난 월요일만큼 긴장되지 않았다.

난 아주 깨끗한 사무 공간을 언급하지 않을 수 없었다.

"제가 본 중 단연 가장 깔끔하게 정리한 사무실입니다. 어쩌면 이렇게 정리를 깔끔하게 하셨죠?"

빈스는 씩 웃으며 말했다.

"그걸 눈치채다니 흥미롭군요. 항상 이랬던 건 아니었습니다. 예전에 작은 물건이 늘어나면서 결국엔 사무실이 여기저기 지저분해지는 걸 깨달았죠. 스트레스가 쌓였어요. 그래서 몇 년 전부터 매일 저녁 퇴근 전에 책상 정리를 우선순위로 삼았습니다. 지저분한 환경이 내 태도에 얼마나 영향을 미치는지 미처 알지 못했습니다. 이상하게 보일지 몰라도 사무실에 들어서며 깨끗한 책상을 보면 하루의 시작이 좀 더 낫습니다. 물론 책상의 정리 정돈 여부에 따라 내 할 일이 줄거나 느는 것은 아니지만, 일하면서 중요한 일을 할 때 집중력이 높아집니다."

난 그의 말에 완전히 매료됐다.

"이상하다고 생각하지 않지만 그간 알던 방법과 사뭇 다르네요. 대단하다 싶으면서 한편으론 약간 겁도 납니다. 벌써 고민거리가 생겼네요."

빈스는 바로 멘토로 태세를 전환했다.

"내 태도를 고치려고 만든 사소한 변화였습니다. 지난 주 만나고 돌아가서 생각해 볼 여유가 있었나요? 새로운 시도를 해봤나요?"

지난주에 만난 이후 실천한 몇 가지를 말했다.

"불평하거나 남 탓을 하거나 핑계를 대지 않고 전부 내가 책임져야 한다, 즉 인생의 주도권을 가져야 한다는 사실이 가장 큰 깨달음이었습니다. 그래서 포기하지 않고 과감하게 돌파하는 자세로 바꾸려고 노력했습니다."

"시작이 좋습니다. 하지만 의미 있는 성과를 거두려면 함께 작용하는 요소가 다양하게 많습니다. 당신이 단지 몇 가지 일만 제대로 하고 마는 건 아닐지 알 수가 없죠. 그게 우리가 몇 주 동안 함께 대화하며 수업하는 이유입니다. 그리고 내가 가장 중요하게 여기는 원칙이 당신 뒤에 걸려 있습니다. 보셨나요?"

난 몸을 돌려 다시 글귀를 바라보며 대답했다.

"네, 봤습니다. 글귀를 봤을 때 '방황은 그만!'이 무슨 의민지 물어보려 했습니다."

"보셨다니 다행입니다. 대부분 사람은 행동으로 옮기거나 갈피를 못 잡거나 두 부류로 구분합니다. 행동하는 사람은 확고한 마음가짐으로 목적을 이루겠다는 사명감이 있습니다. 반면 갈피를 못 잡는 사람은 외부 환경에 휘둘리며 다음 행동에 영향받죠. '방황은 그만!'이란 말은 가장 중요한 우선순위에 집중하며 목적에 도달하는 과정에서 현재 자신의 위치를 자주 확인할 필요가 있다고 일깨워줍니다."

'맞는 말인걸.'하는 생각이 들었다.

"혹시 대답해 주실 수 있다면 선생님의 현재 목적은 무엇입니까?"

빈스는 흔쾌히 대답하고 싶은 듯 보였다.

"개인적으로 세운 목적은 몇 년째 진화하고 있습니다. 결혼 초반에 가장 중요하다고 여긴 일은 가정에 충실한 남편이었습니다. 아이가 생기면서 좋은 남편뿐만 아니라 훌륭한 부모로서 모범을 보여야 한다는 목적으로 발전했죠."

빈스가 말을 멈췄을 때 눈빛엔 만족스러움이 가득 차올랐다.

"이제 제 인생 일 순위는 손자들이죠."

"축하드립니다. 엄청난 보물을 가지셨네요."

빈스가 가족에 느끼는 자부심을 느낄 수 있었다. 그러고 나서 빈스는 가족사진을 보여줬다.

"내 가족 이야기를 들으러 여기 온 게 아닌 걸 알지만 가족 자랑을 하지 않을 수가 없군요."

빈스는 액자를 진열장 제자리에 놓으면서 말을 이었다.

"다시 돌아가서, 아까 물어본 질문에 마저 대답하자면 직업적인 측면에서 목적도 마찬가지로 오랜 시간에 걸쳐 진화하고 있습니다. 나이나 경력으로 볼 때 현재 우선순위는 끊임없이 배우고 발전하면서 다른 사람이 목적을 이룰 수 있도록 동기를 찾아 주고 격려하며 조언해 주는 겁니다."

빈스가 개인적으로나 직업적으로 품은 열정에 감탄했다.

"그런 선택을 하셨다니 다행입니다. 그러지 않았더라면, 전 아마 목표를 발견하고 추구할 방법을 배울 기회를 영영 잃었을 테니까요."

"당연하죠. 자신만의 목적을 찾아 추구하는 것은 성공과 행복을 달성하는 비결입니다. 단순한 소망이나 목표 그 이상이며 뚜렷한 의지이자 오직 당신만이 정할 수 있는 훨씬 중요한 목적이죠. 목적은 당신에게 중요한 모든 것을 통제하는 지표가 됩니다. 내 목적이 진화했던 것처럼 인생의 단계를 거치다 보면 진화하지만 단계마다 일어나는 일시적인 사건으로 변하는 것이 아니라 영속성이 있습니다. 당신의 목적은 당신이 추구하는 모습, 인생에 접근하는 방법, 예상치 못한 일에 대처하는 방법, 불공평해 보이는 일을 극복할 수 있는 방법을 분명히 정할 수 있도록 도와줍니다. 나를 성공으로 이끈 두 가지 중요한 요소는 한결같은 목적과 방황하지 않도록 자신을 통제해 정신을 집중한 것이라고 생각합니다. 몇 년 전에 깨달은 중요한 사실이 하나 있습니다. 살아가는 데 있어 일이 필요한 이유를 보편적으로 판단해 제대로 이해하는 사람이 직장에서나 가정에서나 더 행복하고 적극적이며 창의적이고 생산적이라는 겁니다."

빈스는 잠시 말을 멈추고 날 강렬하게 바라봤다.

"만사를 제치고 정해야 할 우선순위를 찾지 못하는 사람을 많이 봤습니다. 그러다 좋은 기회가 찾아오면 지나치게 흥분하죠. 끊임없이 새로운 존재 이유를 만들어 낸다면 당신은 어디로 가고 있는지 진정한 방향을 보여주는 나

침반이 없는 것입니다. 성공을 향해 가는 거라고 믿겠지만, 전혀 그렇지 않습니다. 분명하고 일관된 목적이 없으면 원하는 방향을 향한 제대로 된 과정을 실행으로 옮길 수 없습니다. 갈피를 잡지 못하고 방황하죠. 순간적인 분위기에 휩쓸려 우왕좌왕할 겁니다. 절대 바람직하지도 생산적이지도 않습니다. 평범해지겠다고 계획하는 사람을 본 적은 없지만 분명하고 뚜렷한 목적이 없는 사람은 대부분 방황하다가 의도치 않게 평범해집니다. 친구가 최근에 겪은 일은 지금 말하고 싶은 의도를 그대로 보여줍니다."

친구와 아내는 하와이로 휴가를 떠났다. 두 사람 모두 전문가는 아니었지만, 스노클링에 도전해보기로 했고, 혼자서 바다에 들어가기 전 안전한 호텔 수영장에서 먼저 스노클링 강습을 받았다. 두 사람은 새로운 도전을 할 준비를 금세 마치고는, 오리발과 물안경을 챙겨서 미지의 깊은 바닷속 아름다움을 찾으러 태평양으로 향했다.

두 사람을 제외하고는 주변에 아무도 사람이 없었

고, 그들은 즐거운 시간을 보냈다. 바다는 잔잔하고 평온해서 완벽했다. 바다 밑에서 형형색색으로 빛나는 물고기, 화려한 수중 식물과 산호초를 보며 바다의 매력에 빠져들었다. 그리고 황홀한 경험은 곧 잊을 수 없는 경험으로 바뀌었다.

친구는 물 밖으로 머리를 들어 주위를 둘러보았다. 그제야 먼바다로 떠내려왔단 사실을 깨달았다. 저 멀리 호텔은 거의 보이지도 않았고, 아내는 불과 몇 미터 떨어진 곳에 있었다. 친구가 아내를 불렀을 때 아내도 금세 위험한 상황에 부닥친 사실을 눈치챘다.

어느새 즐거운 스노클링은 끝나버렸고, 두 사람은 죽을힘을 다해 해변을 향해 헤엄치기 시작했다. 오랜 시간이 지나서야 발이 땅에 닿았고, 해변으로 걸어갈 수 있을 정도로 얕은 물에 도착할 수 있었다. 안전하게 해변으로 도착하고 나서야 두 사람은 완전히 지쳐서 모래사장에 쓰러졌다.

"아침에 눈을 떴을 때만 해도 친구 부부는 그날 무슨

일이 닥칠지 전혀 예상치 못했을 겁니다. 하지만 평화롭고 여유로운 시간을 즐기는 동안 큰 사고가 날 뻔했죠. 고개를 들기 전까지 무슨 일이 일어나고 있는지 모른 채 떠내려갔습니다. 그리고 시작했던 장소도 아니고 가려고 했던 곳도 아닌 엉뚱한 곳에서 표류한 사실에 충격받았죠."

"바다에서 표류했단 얘기는 들어본 적 있는데, 친구분이 무사히 돌아왔다니 다행입니다."

"감사합니다. 저도 다행이라고 생각합니다. 마찬가지로 살면서 직업적으로나 개인적으로 표류하는 일은 흔히 일어납니다. 사실, 사람은 종종 방황한다고 생각합니다. 유감스럽게도 표류하다가 자신이 선택한 목적지에 도달하는 사람은 거의 없습니다. 모르는 사이 떠내려가다가 결국 죽을힘을 다해 '헤엄'치려고 노력하죠. 일상생활에 치여 주의가 산만해져서 갈피를 못 잡고 통찰력을 잃습니다. 그러다 자신이 있을 거라고 생각했던 장소보다 더 멀리 떠내려온 것을 발견하죠. 그렇게 살 필요 없습니다. 방황하며 살 수도 있지만 목적의식을 갖고 일하며 사는 삶을 선택할 수도 있습니다. 확실하게 정한 목적이 있으면 방황하더라도 방향을 바로잡을 수 있습니다."

나는 궁금증에 목소리를 높여 물었다.

"그럼, 목적을 정하고 추구하며 사는 방법은 뭐죠? 지금 제가 방황하는 중이 아니란 걸 알 수 있는 방법이 있나요?"

빈스는 차분하고 잔잔하게 미소 지었다.

"좋은 질문입니다. 대부분 시간을 직장에서 보내니 당신은 가정과 관련해서 우선순위를 정해 목표를 세워야 합니다. 직장에서 하는 일이 당신의 신념과 충돌을 일으켜 갈등이 생기면 가정에서 행복하기 어렵습니다. 그러니 스스로 객관적이고 솔직하게 몇 가지 어려운 질문에 대답해보세요. 우선, 이루고 싶은 모습을 분명히 이해해야 합니다. 행복으로 향하는 첫 번째 원칙은 자신이 원하는 모습을 제대로 알고 그 모습으로 거듭나고 싶은 강렬한 바람과 구체적인 계획을 세우는 것이라고 생각합니다. 자신에게 물어볼 만한 좋은 질문이 몇 가지 있습니다. '5년 후 바라는 모습은 무엇인가?' '10년 후 바라는 모습은 무엇인가?' '당신이 죽은 뒤 장례식에 모인 친구들이 추도문을 읽으며 기억해 주길 바라는 당신의 모습은 무엇인가?'"

답을 생각해 보기도 전에 빈스가 말했다.

"잠깐 쉬죠. 노트에 다음 질문을 적고 처음 떠오른 생각을 써보세요."

5년 후 바라는 모습은 무엇인가?

10년 후 바라는 모습은 무엇인가?

장례식에 모인 친구들이 기억해 주길 바라는 내 모습은 무엇인가?

잠시 고민하며 생각을 노트에 써 내려가는 동안 빈스는 말을 이어갔다.

"이 훈련을 더 많이 고민해 볼 필요가 있지만, 시작할 때 도움이 될 겁니다. 대부분 처음 보이는 반응은 상세한 계획을 구축하는 것에 거부감을 느끼는 겁니다. 일단 이루고 싶은 모습을 이해하고 나면 자신의 목적은 분명해지기 시작할 것입니다."

"대답을 모두 적었으면 난 어떤 사람이 되고 싶은지 스스로에게 물어보세요. 그 모습으로 거듭나는 데 필요한 일을 하고 있나요? 표류하지 않으려면 현재 자신의 위치를 알아야 합니다. 주위를 둘러보세요. 어느 방향을 향해 가고 있습니까? 꿈꾸던 모습에 한층 더 가까워졌습니까, 아니면 더 멀어졌습니까? 주위를 둘러봐야 하는 또 다른 이유는 함께 시간을 보내는 사람들이 당신에게 미치는 강력한 영향력을 파악해야 하기 때문입니다. 당신이 지금 노력해서 이루고 싶은 모습은 주변 사람의 모습을 반영했을 확률이 높습니다. 목적을 달성하는 과정에 도움을 줄 수도 있고 방해할 수도 있습니다. 주위 사람들이 긍정적이고 희망적이며 활기차다면, 아마 같은 모습을 목표로 삼은 모습에 투영했을 겁니다. 반면, 주위에 인생은 불공평해서 그렇다며 항상 변명하는 사람이 있다면 당신도 비슷하게 변명할 경향이 높습니다. 주변 사람은 당신 태도뿐만 아니라 행동에도 영향을 미칩니다. 예를 들어, 무례하게 말하는 사람과 친하게 지내면 당신도 말투가 비슷하게 바뀔 겁니다. 소견이 좁은 사람과 가까이 지내면 당신도 좁은 소견에 물들 겁니다. 보통은 주변 사람들과 비슷하게 수준이 오르기도 하고 떨어지기도 합니다. 아래 세 가지 질문을 잠시 생각해 보고 답을 적어보세요."

> 내 태도와 행동으로 미루어 볼 때 난 어떤 사람이 되고 있는가?

나는 누구의 말을 듣고 있는가? 내가 이상적으로 여기는 모습에
가까운 사람들인가? 내가 최선을 다하도록 격려해 주는가?

나와 함께 있을 때 사람들의 기분은 어떤가?
기분이 좋은가, 별 감흥이 없는가, 아니면 불쾌해하는가?

몇 분이 지난 후 빈스가 물었다.

"당신이 이상적으로 생각하는 모습과 현재 당신의 모습 사이에 차이가 있나요?"

난 적은 대답이 만족스럽지 않았다. 사실, 대답이 부

끄러웠다.

"다르네요. 단지 짧은 시간 동안 금방 생각한 것인데도 엄청난 차이가 나는 것이 확연히 보입니다. 현재 제 모습이 별로 만족스럽지 않네요. 전혀 몰랐었는데 전 지금 표류하는 중이네요."

빈스는 놀라지 않았다.

"누구나 자신이 꿈꾸던 모습과 실제 모습에 차이가 있습니다. 다행히 지금이라도 바꾸기에 절대로 늦지 않았습니다. 대부분 사람은 가야할 길을 알고 가는 사람이 지나갈 수 있도록 길을 비켜줄 겁니다. 그러니 이제 격차를 줄일 때입니다. 그럼 다른 질문에 대답해봅시다. 지금 하는 일이 목적 달성에 도움을 줍니까? 직업에 만족해야 하지만 부담을 느끼면 안 됩니다. 일은 선물이자 특권입니다. 궁극적으로 목적을 이루는 과정의 일부라고 생각하며 출근한다면 업무가 더욱 즐거워져 효율이 높아질 겁니다. 똑똑하고 유능한 사람이 대부분 시간을 직장에서 보내면서 하는 일과 자신의 목적 및 방향성이 달라 불행해진 걸 봤습니다. 자리가 안정되면 편해져서 목적을 이루기 위해 방법과 원칙을 세우려 하지 않고 표류합니다. 그리고 직장에서 매일 뻔한 일을 하며 지루해하고 만족하지 못한 채 경력을 낭비합니다. 매일 똑같은 날을 반복해서 산다는 내용을 다룬 영화 〈사랑의 블랙홀^{Groundhog Day}〉처럼 사는 거죠."

나는 그의 말을 인정해야만 했다.

"무슨 말인지 알아요. 오랫동안 똑같은 하루하루를 반복하며 살았단 죄책감을 느꼈습니다. 매일 가야만 하니까 출근했습니다. 뚜렷하게 세운 목적이 처음부터 없으니 목적을 이루는 것도 당연히 도움이 되지 않았습니다. 아마 직장에서 행복하지 못해서 아무 상관이 없는 집에서도 행복하지 않았던 것 같습니다. 지금은 어디에서도 충실하지 못합니다."

빈스는 공감하면서 진지하게 말했다.

"아마도 내린 평가가 정확할 겁니다. 직장에서 보내는 시간으로 성공하는 모습을 이룰 기회를 찾아야 합니다. 개인적인 목적과 직업에서 필요한 요구 조건이 일치했을 때 일은 더 쉬워지고 성취감을 얻습니다. 둘 사이에 연결고리가 없으면 불행해지고 생산성이 떨어지며 어쩌면 심지어 주변 사람들에게도 부정적인 영향을 미칠 수도 있습니다. 지금 다니는 직장에서 필요한 자금을 조달하거나 유용한 지식이나 기술을 습득하거나 개인적인 목적 달성에 필요한 시간과 인맥처럼 어떤 식으로든 보탬이 되지 않는다면 다른 방법을 찾아야 할 필요도 있습니다."

빈스는 잠시 말을 멈춘 뒤 심각하게 말했다.

"하지만 목적을 이루기 위해 직업을 바꿀 필요는 없습니다. 예를 들어, 예전에 함께 일했던 동료는 직장 생활에 만족했습니다. 그러나 어린 자녀와 더 많은 시간을 함께 보내고 싶은 마음이 간절했죠. 당시에 아이와 함께 지내는 시간이 정말 소중하단 것을 깨달아서 아이에게 더 많은 시간을 할애할 수 있는 부서로 이동했습니다. 원하는 바를 이루기 위해 화려한 직책과 급여를 포기했죠. 또 다른 지인은 사회에 불우한 사람을 돕는 것이 목적이었습니다. 직장에서 매년 수백 명을 도울 수 있는 자원 및 기술과 지식을 얻었죠. 그리고 인맥도 쌓았습니다. 직장 동료와 친구들은 지인이 목적을 이룰 수 있도록 돕기 위해 시간과 노력을 투자했습니다. 직업이 불우한 사람을 돕는 목적과 직접적인 연관성은 없었지만 꿈을 이룰 수 있는 수단을 제공했습니다. 직장에서 승승장구할수록 돈을 더 많이 벌고 지식 및 기술을 쌓으며 여유가 생기고 인맥이 넓어져 사회에서 불우한 사람을 돕겠다는 목적에 따라 살기가 수월해졌습니다. 장기적인 관점에서 성공하고 행복해지고 싶다면 일시적인 상황에 따라 달라지지 않는 일정한 규칙대로 살아야 합니다. 모두가 믿을 수 있는 한 가지가 있다면 바로 당신이 따라야 하는 흔들림 없는 규칙입니다. 목표하는 바를 한 치의 의심도 없이 확실히 알고 있다면, 안다는 사실만으로도 실수를 저지르게 만드는 무수한 유혹을 견딜 수 있을 겁니다."

빈스의 말에 나는 호기심이 생겼다.

"정말 진지하게 생각해 보겠습니다. 일단 목적을 세우면 주변에 알려야 할까요, 아니면 혼자만 알고 있을까요?"

"앞으로 할 일에 대해 적극적으로 생각해주니 마음이 놓이네요. 목표를 꼭 공유해야 하는 건 아닙니다. 다만, 당신에게 책임감을 상기시켜 주는 사람들이 있을 때 효과가 가장 좋습니다. 물론, 그러려면 주위에서 당신에게 책임감을 물을 내용을 알아야 하죠. 그런데 대부분 사람에게 동기를 주는 지위, 소득, 자동차와 같은 물질적인 것 말고 인생의 목표가 삶의 원동력이 될 수 있다는 사실을 이해하지 못하는 사람도 있습니다. 당신은 현재 위치가 아니라 인생을 더 걱정하고 있습니다. 일부 사람은 받아들이기 어려운 사실이죠."

빈스는 경고했다.

"게다가 뚜렷하게 목적을 세웠다고 갑자기 인생이 쉬워지는 것은 아니니 주의하세요. 오늘 고민한 똑같은 문제를 여전히 고민할 겁니다. 하지만 고민을 보는 관점과 대하는 자세가 달라질 겁니다. 뚜렷한 목적이 없으면 뜻밖의 원치 않은 사건에 과민하게 반응하는 버릇이 생깁니다. 반면, 분명한 목적이 생기면 인생은 훨씬 차분해집니다."

빈스는 자신의 경험을 떠올리며 말했다.

"난 이 교훈을 어렵게 배웠습니다. 일을 시작하던 무렵에 업무를 잘하고 있었지만 더 잘할 수 있다고 생각했습니다. 그러다가 다니던 회사가 경영난에 시달렸죠. 점점 참을성이 바닥나고 있었습니다. 더 나은 직장을 찾으려고 면접을 보기 시작했죠. 그리고 면접 때마다 추켜세워주는 기분 좋은 칭찬을 즐기며 점차 지금 하는 일에 비해 자신이 더 대단한 사람이라고 믿게 됐습니다. 결국 급여가 좀 더 높은 것 외에는 별 볼 일 없는 회사로 옮기기 위해 확실하게 경력을 쌓을 수 있던 직장을 그만뒀습니다. 실수라는 걸 깨닫기까지 그렇게 오래 걸리지 않았습니다. 전에 다니던 직장의 경영난은 일시적이었죠. 분명한 목적이 있었으면 그만두지 않았을 겁니다. 감정에 지나치게 휘둘려 저지른 실수로 인해 경력에 있어 몇 년간 손해를 봤죠. 그러니 냉정하고 침착하게 행동하세요. 당황하지 말아요. 실제로 좋은 일도 생각만큼 좋은 것이 아닌 것처럼 나쁜 일도 보이는 것보다는 나쁘지 않습니다. 진정한 목적을 제대로 이해한다면 살면서 어떤 일이 일어나도 훨씬 침착하게 대처할 수 있습니다."

나는 대화 도중에 끼어들며 말했다.

"마치 제 이야기 같네요. 살면서 좋은 일이든 나쁜 일이든 지나치게 흥분하는 거로 유명합니다. 굳이 변명하자면 당시엔 지나친 반응은 아니었던 것 같다고 해야겠지만, 돌아보면 어느 부분에서는 자제력을 약간 잃었던 것처럼 보이더군요."

그러자 빈스가 물었다.

"혹시 '이 또한 지나가리라.'라는 말을 들어본 적 있습니까?"

"당연하죠. '영원한 건 없다.'와 같은 그런 비슷한 의미죠."

"어디서 유래한 말인지 모르겠지만, 1859년에 에이브러햄 링컨이 다음과 같이 말했습니다."

동양의 한 국왕이 현자들에게 항상 볼 수 있도록 언제 어느 상황에서도 진실하고 어울리는 글귀를 지어내라고 명했다. 현자들이 왕에게 바친 글귀가 바로 "이 또한 지나가리라."이다.

"이 말은 지금 겪고 있는 일이 무엇이든 끝이 난다는 희망을 줍니다."

빈스는 하던 말을 멈추고 깊은 생각에 잠긴 듯 보였다. 그리고 다시 입을 열었다.

"마찬가지로 행복과 평화도 상당 부분을 '이 또한 지

나가리라.' 관점에서 해석할 수 있습니다. 인생은 기복이 심한 감정의 연속입니다. 그러나 날아오를 듯한 행복도 깊은 절망의 나락도 영원하진 않습니다. 인생에서 무슨 일이 일어나든 이 또한 지나갑니다."

"이 또한 지나가리라." 비록 내게 적용되는 말인지 확신이 들지 않았지만 따라해 봤다.

"근데 이 문구로 헤쳐 나갈 수 있을지 자신이 없습니다. 하지만 확실히 신경 쓸 필요가 있는 부분이네요. 오늘 이야기한 목적 설정과 방황에 대해 추가로 해주실 조언이 있나요?"

"이왕 물어보셨으니까⋯."

빈스는 등받이에 몸을 기대며, 이어 말했다.

"추가로 몇 가지를 제안하겠습니다. 우선, 재정적 문제는 특히 중요하니 결정을 내릴 때 신중하시기 바랍니다. 재정적인 결정을 잘못 내려서 망가져 원치 않은 방향으로 표류하는 사람을 많이 봤습니다. 경제적으로 현명해지세요. 경제적 부담이 계속되면 직장이나 가정에서 제대로 해내기 어렵습니다. 부채가 인생에 영향을 미치도록 하지 마세요.

다음으로, 목적을 향한 여정을 가다 보면 또다시 실망할 일이 생깁니다. 모든 사실을 파악하기도 전에 습관적으로 감정에 휘둘려 반응할 겁니다. 당황하지 말고 침착하세요. 뛰어난 사람들조차도 나쁜 일은 겪습니다. 최악의 상황처럼 보여도 인생은 여전히 살 만합니다. 긍정적으로 생각하세요. 그러면 훨씬 잘 살 수 있습니다. 마지막으로 떠오른 조언입니다. 어서 시작하세요. 목적 달성을 시작하기 전에 시간이 충분하다고 생각하는데 실제로 정말 여유가 있을 수도 있죠. 하지만 누구든 혈액 검사나 스트레스 검사, 엑스레이 검사에 따라 나온 단 한 번의 결과나 심각한 사고로 인해 인생이 바뀌는 건 한순간입니다. 성공하는 사람이 되는 걸 미룰 이유가 전혀 없습니다. 사람들이 당신을 따르고 싶을 만큼 훌륭한 본보기로 성장하는 과정을 지켜보는 것처럼 기쁜 일은 없습니다. 사람들은 인생 전반에 걸쳐 안정적인 사람을 따르고 싶어 하죠. 당신도 그렇게 될 수 있습니다."

나는 잠시 생각을 정리한 뒤 오늘 대화를 요약했다.

"고민이 많아졌습니다. 하지만 오늘 들은 수업은 이해

했습니다. '방황하지 마라. 목적을 정해라. 절차를 구축하라. 지나치게 감정에 휘둘리지 마라. 부채를 관리하라. 어서 시작해라.' 전부 숙제네요. 그런데 저한테 진짜 필요했던 솔직한 대화입니다."

"당신의 여정이 흥미롭군요. '방황하지 마라!' 철학은 성공을 향한 시작이지만 끝은 아닙니다. 상호 작용하며 일으키고 동기를 부여하는 요소는 많습니다. 다음 주에 더 다뤄봅시다. 그동안 아까 했던 질문에 답을 완성해보세요. 답이 보일 겁니다."

나는 빈스에게 감사 인사를 전하고 건물을 나서면서 머리를 바삐 굴렸다. 생각해야 할 새로운 정보가 많았다.

방황은 그만

앞으로 이루고 싶은 모습과 현재 모습을 확실하게 파악해야 한다.

◆◆◆

방황은 내가 가고자 하는 방향으로 인도하지 않는다.

◆◆◆

침착하자. 좋은 일도 생각만큼 좋은 것이 아닌 것처럼
나쁜 일도 보이는 것보다 나쁘지 않다.

◆◆◆

매달 반복하는 재정 위기 때문에 부담이 생기면 성공할 수 없다.

◆◆◆

친하게 지내는 주변 사람들을 관심 있게 살펴봐야 한다.
주변 사람과 비슷해지는 것이 좋은 일인가, 나쁜 일인가?

◆◆◆

지금 겪는 일은 일시적이다. 이 또한 지나가리라.

변화를 받아들여라

유일하게 변치 않는 것은 변화다

HUG CHANGE

세 번째 수업을 듣기 위해 사무실에 도착하자 빈스가 날 반갑게 맞이해줬다. 중요한 회의 일정으로 바쁜데도 불구하고 빈스가 우리 만남을 무엇보다 중요하게 여긴다고 느껴졌다. 가르쳐주는 지혜에 내가 흠뻑 빠져든 만큼 빈스 또한 지식과 경험을 나눠주고 싶어 한다는 인상을 받았다.

　지난주 빈스가 했던 질문에 작성했던 대답과 행동으로 실천한 일들을 보고했다. 달라지고 있는 내 모습에 빈스는 만족한 듯했다.

　그리고 이번 주 수업을 시작했다.

　"일주일 동안 동료 여러 명에게 성공한 비결을 물어봤습니다. 진짜 흥미로운 답변을 들었습니다. 모두 자신에게 일어났던 일을 신속하게 파악했고, 어디선가 긍정적인 멘토를 찾았다는 공통점이 있었습니다. 공통점이 있단 사실에 제일 관심이 가더군요."

난 빈스가 한 말에 맞장구쳤다.

"저도 그렇게 생각해요. 그리고 제가 선생님께 전화했던 이유가 바로 그거죠."

"당신의 자신감을 칭찬해 주고 싶고, 몇 주 후에는 확신을 가질 수 있으면 좋겠습니다. 오늘 다룰 주제는 약간 색다른데 직장 생활하는 내내 유용했습니다. 바로 변화를 즐기는 겁니다. 당신도 변화를 받아들여야 한다고 생각합니다."

"변화를 즐기라고 말하는 사람은 처음 보네요. 제 주변 사람은 대부분 변화를 싫어하고 받아들이길 거부합니다."

"새삼스러울 것도 없지만 당신이 한 말이 맞아요. 단지 변화를 위한 변화는 좋아하지 않지만 변화가 일어나야만 비로소 나타나는 개선을 좋아합니다. 변화는 숨 쉬는 것만큼이나 자연스러운데 많은 사람이 변화를 받아들이는 걸 죽기보다 싫어합니다. 왜 많은 사람이 변화를 두려워한다고 생각하시나요?"

나는 잠시 생각에 잠겼다.

"변화는 어렵습니다. 위기에 처해 상황을 정말 바꿔야 하는 것이 아닌 이상 대부분 사람은 현 상태를 유지하고 사는 것에 만족합니다."

빈스는 동의한다는 듯 고개를 끄덕이며 덧붙였다.

"맞는 말입니다. 게다가 각자의 사고방식에 얽매여 있어서 대개는 변화를 거부합니다. 사실 누구나 개인적으로 겪은 경험과 아는 지식에 한계가 있습니다. 예를 들어, 군인 가정에서 자랐다면 당신이 가진 일반 상식은 자란 경험을 기초로 생성되기 마련입니다. 작은 시골 마을에서 자랐다면 개인적인 의사 결정 기준은 작은 시골 마을에서 얻은 경험을 토대로 생깁니다. 반면, 대도시에서 자랐다면 당신은 완전히 다른 정보 기준으로 의견을 형성합니다. 또한, 가족의 크기, 첫째인지 막내인지와 같은 가족 내에서 본인 위치, 가족 구성원의 성비, 종교, 인종, 사고를 형성할 때 겪은 중요한 인생의 사건들을 바탕으로 정보 기준이 생깁니다. 대부분 당신이 가진 신념과 생각은 비슷한 경험을 한 사람들의 작은 표본 단위에서 생겨납니다. 변화가 생기기 시작하면 새롭고 다양한 정보를 처음 접하게 됩니다. 새롭고 이질적인 것에 관한 본능적인 반응은 기본적으로 두려움입니다. 모르는 것은 무섭죠. 그리고 새로운 상황을 제대로 통제하거나 이해하지 못한다는 사실을 불안하다고 여길 수 있습니다. 정보 기준의 폭이 넓어지면 지식과 지혜도 함께 성장합니다. 하지만 새로운 지식과 지혜가 생긴다 해도 변화를 쉽고 당연하게 받아들이지 못합니다. 기존에 얽매인 생각과 자부심이 새로운 관점을 받아들이는 능력을 무의식적으로 가로막을지 모릅니다."

빈스가 한 말을 곰곰이 생각했다.

"그러니까 사람은 모두 자기만의 정보 기준을 형성하기 때문에 어떤 변화가 생겨도 미치는 영향은 각각 다르죠. 변화를 받아들이기는 훨씬 어려워지고 더군다나 위기가 없으면, 어떤 사람은 변화의 필요성을 전혀 느끼지 못할 수도 있겠네요."

"바로 그겁니다. 완전히 망가진 것도 아닌데 바꾸자고 제안하면 날 미친 사람으로 취급하는 사람도 많습니다. 이해를 못 하죠. 망가뜨리자는 것이 아닙니다. 위기를 사전에 방지하고 더 나아지기 위해 노력하는 것입니다. 내 생각에 장기적으로 성공하고 행복해지려면 적응은 필요하고 피할 수 없습니다. 끊임없이 변화를 만들어야 합니다."

나는 마치 속으로 한 생각이 튀어나오듯 말했다.

"흔치 않은 일이죠. 대부분 고장이 나지 않았다면 고치지 말라고 할 겁니다. 저도 그렇게 생각합니다. 고칠 게 많은데 왜 고장 나지도 않은 것을 고치자고 시간을 낭비해야 하죠?"

"똑같이 말한 사람이 많았습니다."

빈스는 다음 말을 하기 전에 잠시 상황을 즐거워하며 생각에 잠겼다.

"일반적인 입장이죠. 그리고 고쳐야 할 다른 것이 많다는 사실에도 동의합니다. 하지만 무엇을 고치려고 하든지 간에 분명히 현재 상황을 더 나아지게 하는 것임에도 불구하고 어떤 변화든 반대하는 사람들이 있습니다. 사실 사람이 각자 가진 기준에 따라 감정적으로 반응하기 때문에 짐작건대 비이성적으로 변화에 대처할 겁니다. 변화를 받아들이기보다 거부하는 것이 인간의 본성입니다."

빈스는 의자에서 일어나 책상에 몸을 기대며 계속 이어갔다.

"이런 질문이 듣고 싶습니다. '만약 그렇게 하면 무슨 일이 생길까?' 그 단순한 질문은 변화가 새로운 가능성을 열어준다고 암시합니다. 현재 업계에서 선두 그룹에 속한 기업들을 살펴보면, 처음 업계에 등장했을 때 별로 주목받지 못했고 솔직히 말하면 경쟁 기업보다 앞서 나갈 것이라곤 아무도 생각하지 못했습니다. 예를 들어, 우버와 리프트는 자동차가 없는 운송 기업입니다. 에어비앤비는 숙박업 부문에서 선두주자지만 마찬가지로 기업이 대여해 주는 방은 없습니다. 페이스북은 신문사나 텔레비전 채널 없이도 미디어 부문의 정상을 차지하고 있습니다. 이 기업들이 세상에 등장하기 전에 누군가는 질문했겠죠. '만약 그렇게 하면 무슨 일이 생길까?'"

이 선두 기업들이 평범한 기업과 다르게 생각한 방식을 곰곰이 되새기며 깨달았다.

"이 기업들은 확실히 기존의 업계 생태계를 파괴했네

요. 아마도 '만약 그렇게 하면 무슨 일이 생길까?'라고 의문을 품은 사람이 대개 시작한 것 같습니다."

"맞습니다. 그리고 성공한 사람은 똑같은 질문을 자기에게 하죠. 다만, 한 단어를 더 추가합니다. '만약 내가 그러면 무슨 일이 생길까?'"

"맞는 말씀 같아요. 누구든 성공의 다음 계단까지 도달하려면 변화를 일으켜야 합니다. 하지만 대부분 사람은 저와 비슷해서 절박한 상황이 닥쳐야만 변화를 찾는다고 생각합니다."

빈스는 태연했다.

"지극히 평범한 반응입니다. 그러나 일이 잘 풀리고 있을 때조차 변화는 기꺼이 받아들여야 합니다. 존 F 케네디가 언젠가 말했습니다. '지붕은 햇빛이 밝을 때 수리해야한다.' 이 단순한 문장 속에 엄청난 지혜가 숨어있습니다. 태풍이 올 때까지 지붕 수리를 기다리는 건 어리석은 일입니다. 하지만 대부분 사람은 빗물이 소파 위로 떨어지고 바닥이 물에 잠길 때까지 지붕을 고칠 생각조차 하지 않을 겁니다. 그래서 나중에 지붕 수리뿐만 아니라 소파와 카펫까지 바꿔야 하죠. 그럼에도 사람은 재난이 닥쳐도 변화를 받아들이기보다 차라리 다른 일을 하고 싶어 합니다. 편안하니까 현재 상황에 만족하기 쉽습니다. 하지만 같은 일만 반복해선 발전할 수 없습니다. 결국 안락한 틀에서 벗어나 다른 일을 하도록 결정을 내려야 합니다."

빈스가 경고했다.

"자, 문제를 내죠. 혹시 '유일하게 변치 않는 것은 변화다 The only constant is change.'라는 말을 들어보셨나요?"

나는 잠시 생각하다 답했다.

"아주 예전에 처음 들어봤고, 그 후에도 여러 번 들어봤습니다."

"언제 처음 나온 말이라고 생각하세요? 1년 전? 2년 전? 3년 전?"

최선을 다해 추측하려고 했지만, 확신이 서지 않았다.

"글쎄요. 언제라고 확실치는 않지만 아마 벤자민 프랭클린이 처음 말하지 않았을까 싶습니다."

"그럴듯한 추측이었지만, 그보다 2천 년 정도 전에 처음 사용된 말입니다."

빈스는 오답이 재밌다는 듯 웃으며 말했다.

"사실 그리스의 철학자 헤라클리투스^{Heraclitus}가 '유일하게 변치 않는 것은 변화다.'라는 말을 기원전 500년 전에 최초로 말했다고 알려져 있으며, 아마 그냥 지어낸 말은 아닐 겁니다. 어느 동굴 벽 한쪽에 쓰여 있는 글귀를 보고 본인이 한 말이라며 자기 이름을 아래 적었다 해도 놀라지 않을 겁니다."

나는 제법 심각하게 반박했다.

"하지만 헤라클리투스는 오늘날 우리가 겪고 있는 변화를 전혀 짐작하지도 못했을 겁니다."

"짐작할 수 없었겠죠. 그렇다 하더라도 변화를 수용하는 것은 의심할 여지없이 어렵습니다. 그때나 지금이나 각각 정도는 다르겠지만 모두 변화를 거부합니다. 아주 작은 변화라 해도 본능적으로 저항하죠. 분명히 변화는 이제 받아들여야 할 생활의 일부라는 게 2천 년 전 헤라클리투스가 남긴 메시지입니다. 변화가 필요하단 것을 깨달으려면 상당한 용기가 필요합니다. 위험하고 어려우며 고통스러운 일이 닥쳤을 때, 용기를 내 도망치지 않고 정면으로 맞서야 합니다. 진정한 변화를 설명하는 것처럼 들리지 않나요?"

나는 한 번도 용기와 변화를 함께 생각해 본 적이 없단 사실을 인정했다.

"변화에 따른 어려움과 고통, 그게 바로 지금 제 눈에 보이는 겁니다. 용기와 변화는 밀접한 관계인 것 같군요."

"그렇습니다. 변화는 피할 수 없고 받아들이려면 용기가 필요하죠. 그러나 변화는 반드시 일어날 테니 변화가 일어났을 때 받아들이는 것이 어떤가요? 고집을 부리며 변화를 거부하다가 가진 것을 모두 잃는 사람을 많이 봤습니다. 가진 것을 모두 잃을지도 모르는데 이미 엎지른 물을 주워 담으려고 노력합니다. 편안함에 빠져 변화를 꺼리면 위험이 따릅니다. 편해지면 자기만족에 빠지고 안일함은 성공을 방해하는 최악의 적, 즉 실패보다 훨씬 부정적인 근원입니다. 차라리 실패하면 다른 방향으로 시도해서 성공에 이를 수 있습니다. 그러나 적당한 자기만족은 편하고 현재 상태에 만족하니 성공을 방해합니다."

빈스는 사뭇 진지하게 말했다.

"성장하고 싶다면 편안한 기존의 사고방식을 버려야

합니다. 바로 발전의 시작이죠. 변화를 두려워하지 말고 받아들여야 합니다. 그러면 앞으로 나아가 자신 있게 미래를 추구할 수 있습니다."

빈스가 말한 이론에서 마음에 걸리는 부분이 있었다.

"무슨 말씀이신지 알겠고, 원칙에도 동의합니다. 다만, 변화는 때로 정말 힘들고 모두에게 어렵습니다."

빈스도 인정했다.

"변화는 어렵죠. 대부분 사람은 안정과 편안함을 선호합니다. 반대로 변화는 흔히 불편하고 불안정함의 대명사로 매우 극소수의 사람들만이 그 여정을 즐깁니다."

빈스는 잠시 이해할 시간을 주며 말했다.

"몇 년 전, 변화에 관한 반응을 알아보려고 실험을 했습니다. 환경 조건을 조금씩 바꾸면서 쥐가 어떻게 반응하는지 살펴봤죠. 그 결과는 다음과 같습니다."

튜브 네 개를 나란히 바닥에 설치했다. 치즈 한 조각을 두 번째 튜브에 넣었다. 쥐를 풀어놓자 쥐는 쏜살같이 첫 번째 튜브로 달려갔다. 관이 비어있자 쥐는 재빠르게 두 번째 관으로 향했다. 생존본능에 따라 쥐는 치즈 조각을 발견하고 먹었다. 다 먹은 쥐는 원래 갇혀있던 집으로 돌아갔다.

다음 날 쥐는 평소와 똑같이 아무것도 없는 첫 번째 튜브로 단숨에 달려갔다가 두 번째 튜브로 가서 치즈를 먹고 집으로 돌아갔다. 그렇게 며칠을 똑같이 반복했다.

쥐는 첫 번째 튜브로 가느라 시간을 낭비한단 걸 깨닫고, 다음 날 첫 번째 튜브를 지나쳐 곧장 두 번째 튜브로 가서 치즈를 찾아 먹은 뒤 다시 집으로 돌아갔다. 그렇게 며칠을 반복했다.

그러고 나서 연구원은 치즈를 세 번째 튜브에 넣었다. 다음 날 쥐는 항상 음식이 있던 두 번째 튜브로 곧장 향했지만 애석하게도 치즈는 없었다.

빈스가 물었다.

"쥐가 한 다음 행동은 무엇이었을까요? 어떤 반응을 보였을까요?"

나는 추측하여 대답했다.

"쥐가 치즈를 찾으러 첫 번째 관으로 돌아갔을 것 같아요. 아니면 치즈가 있는 세 번째 관으로 갔을까요?"

"아니요. 세 번째 관을 확인했다면 탁월한 선택이었겠죠. 하지만 쥐는 항상 음식이 있던 두 번째 관에서 서성이며 치즈가 나타나길 기다렸죠. 그냥 뒀다면 쥐는 항상 치즈가 놓여 있던 그 자리에서 기다리다가 굶어 죽었을지도 모릅니다. 주변에 아는 사람들 반응과 비슷하지 않습니까? '좀 기다려보자. 항상 이렇게 했었어. 옛날엔 통했어.'라고 하죠."

나는 속으로 '쥐랑 나랑 공통점이 많은걸.'하는 생각이 들며 수긍했다.

"정말 그렇습니다."

"앞서 말한 실험은 변화를 받아들여야 하는 몇 가지 중요한 이유를 뒷받침해 줍니다. 일단 비록 필요한 건 모두 갖고 있을 수도 있고 예전 방식이 편하겠지만, 변화가 일어나면 열린 마음으로 인정하고 받아들여야 합니다. 다시 예전처럼 돌아갈 거라고 기대하며 가만히 앉아 기다리기만

하지 마세요. 상황은 점차 좋아질 것이지만 변화를 겪지 않고 마술을 부리듯 나아지지 않습니다. 당신이 변화에 적응하지 못하면 그저 남을 뒤쫓아 가려고 노력하는 자신을 발견할 겁니다. 또한, 상황이 나아지면 계속 향상할 방법을 찾아야 합니다. 긍정적인 변화를 일으킬 수 있는 가장 좋은 시기죠. 가장 필요 없다는 생각이 들 때가 바로 가장 변화가 필요한 시기라는 게 변화가 지닌 역설입니다. 당황한 상태가 아니므로 더 제대로 볼 수 있고 스트레스도 덜 받을 수 있습니다. 쥐의 실험에서 온 가족이 1년 동안 다 먹기에 충분한 커다란 치즈가 네 번째 튜브에 있을 수도 있었지만, 매일 작은 조각을 먹는 데 만족했던 쥐는 전혀 알 수 없었겠죠. 변화를 일으킬 가장 적절한 시기는 바로 모든 것이 그럭저럭 괜찮아 보일 때입니다. 햇빛이 날 때 지붕을 고쳐야 한단 걸 명심하세요."

난 마음을 차분하게 가지려고 노력하며, 조용히 앉아 있었다. 빈스가 한 말을 완전히 믿고 싶지 않았다.

"정말입니까? 방금 하신 말씀은 대부분 사람이 생각하는 방식과 완전히 달라서 받아들이기 어렵습니다."

빈스는 분명히 전에도 비슷한 말을 들어본 듯 무덤덤하게 미소 지었다.

"알아요. 이해합니다. 하지만 일단 첫걸음을 떼고 나아가기로 마음먹은 사람과 새로운 시도를 거부하는 사람은 전혀 다릅니다. 10퍼센트, 20퍼센트, 아니 50퍼센트 정도 차이가 난다는 소리가 아닙니다. 성공과 실패, 행복과 불행처럼 모든 면에서 완전히 차이가 납니다. 아까 편안한 생활에서 벗어날 용기를 내지 않고선 변화를 가져올 수 없으며 용감해져야 변화를 일으킬 수 있다고 했습니다. 그럼 용기의 반대말은 무엇일까요?"

나는 곰곰이 생각한 끝에 자신 있게 대답했다.

"겁쟁이나 아니면 두려움이 용기의 반대말 같습니다."

"물론 두 가지 모두 해당하겠죠."

빈스는 확신하며 말했다.

"하지만 용기의 반대는 무지라고 하는 사람도 있습니다. 물론 용기란 두려움이 없는 감정이죠. 마크 트웨인은 용기를 '두려움에 저항하고 극복하는 것이 아니라 두려움이 없는 상태이다.'라고 정의했습니다. 길을 따라 앞으로 걸으세요. 당연히 두려움도 있겠지만 계속 나아가는 겁니다. 용기의 반대는 순응이 가장 적합하겠네요. 용기는 목표를 이루도록 다른 일을 시도하는 배짱과 마음을 갖는 거죠. 발전은 거부감 없는 길을 선택하거나 지금까지 해왔던 대로 그대로 하면서 생기지 않습니다."

빈스가 보는 변화에 관한 관점에 흥미가 생기는 나 자신을 발견했다.

"어쩌면 변화에 대한 거부감이 현재 처한 상황의 원인일 수도 있겠네요. 새롭게 하나 배웠네요."

오늘 수업이 거의 끝나갔다. 일어설 채비를 하는데 빈스가 한 가지 중요한 조언을 했다.

"가끔 우린 꿈과 목표를 추구하는 걸 방해한다고 주변 사람이나 상황을 비난합니다. 누군가 변화를 대신 이뤄준다면 삶이 더 나아졌을 거라고 생각하죠. 하지만 대부분 사람은 원하는 대로 변화를 일으킬 수 있는 자기 능력을 과소평가합니다. 몇 년 전, 이름이 알려지지 않은 한 수도자가 기원전 1100년 전에 쓴 글을 읽었습니다."

젊었을 때 세상을 바꾸고 싶었다.

세상을 바꾸는 게 어렵단 걸 깨닫고 나라에 변화를 일으키려고 시도했다.

나라에 변화를 만들 수가 없어서 도시를 바꿔보려 했다.

도시에도 변화를 일으키지 못해 이미 늙어버린 난 가족을 고쳐보려 했다.

이제 나이가 들고보니 유일하게 바꿀 수 있는 건 자신뿐이란 걸 깨달았다. 갑자기 진작 자신을 바꼈더라면 가족에게 영향을 줬을 수도 있단 걸 깨달았다. 더 나아가 가족과 내가 도시에 영향력이 생겼을 수도 있었다. 그리고 더 나아가 나라가 달라지고 결국엔 세상을 바꿀 수도 있었다.

"자신을 바꿔서 주변에 긍정적으로 영향을 미칠 수도 있는 현재 당신이 지닌 능력을 나중으로 미루지 마세요. 오늘 수업은 여기서 마무리하고 마지막으로 성공은 대부분 당신의 태도에 달렸단 사실을 꼭 기억하세요. 변화에 대한 인식을 바꾸면 변화에 대처할 수 있는 방법이 더 확실히 보일 겁니다."

사무실을 함께 걸어 나오며, 빈스는 또 한번 오늘의 수업 내용을 강조했다.

"당신이 추구하는 성공과 행복은 매일 월요일 아침마다 우리가 대화하는 주제를 모두 활용해서 세운 당신만의 성공적인 인생 계획에 달려있습니다. 그리고 변화를 받아들이는 것은 당신이 세운 계획에서 매우 중요한 역할을 할 겁니다."

빈스의 사무실을 나서면서 난 오늘 들었던 조언을 떠올렸다. 성공한 사람이 될 수 있도록 변화를 일으킬 능력을 펼쳐야 한다.

변화를 받아들여라

일이 잘 풀리더라도 변화는 기꺼이 받아들인다.

◆◆◆

중요한 변화를 만들기 전에 인식 기준을 넓힌다.

◆◆◆

성장을 허용해야 한다.

◆◆◆

모든 향상에는 반드시 변화가 필요하다.
향상은 변화를 겪지 않고 마법처럼 나타나지 않는다.

◆◆◆

용기의 반대는 순응이다.

◆◆◆

나와 전혀 다른 의견을 가진 사람이 생각하는 관점을
이해하려고 노력한다.

◆◆◆

성공적인 변화는 내 태도에 달렸다.

◆◆◆

오늘 난 인생을 바꿀 능력이 있다.

GOOD MENTOR

사소한 일을 잘하자

작은 일부터 꾸준하게 잘해야만
진짜 중요한 일을 이룰 수 있다

BE GREAT IN SMALL THINGS

네 번째 수업을 위해 사무실에 도착했을 때 빈스는 내게 회의실에서 잠깐 기다려 달라고 말했다. 처음 들어가본 회의실에는 엄청난 상패가 가득 진열되어 있어 놀랐다. 진열장에 놓인 '국내 선정 올해의 최고 경영인상' 세 개가 도드라지게 눈에 띄었다. '확실히 제대로 된 사람을 찾아왔구나. 성공에 관해 아는 사람이 있다면 바로 빈스다.'라는 생각이 들었다.

　잠시 후 빈스가 회의실로 들어와 함께 사무실로 향했다. 사무실로 가면서 만나는 직원을 하나하나 소개해 줬는데, 최고 경영자가 돌아다니는 걸 신경 쓰는 사람은 아무도 없어 보였다. 오히려 빈스와 만나는 걸 반가워하는 분위기였다. 조직 내 서열과 상관없이 빈스는 직원과 개인적인 친분 쌓는 걸 즐기고 있었다.

사무실로 이어지는 복도와 사무실 여러 군데에 "사소한 일을 잘하자"라는 문구가 보였다. 재미있단 생각이 들었다. 빈스의 사무실에 도착해 지난 3주간 했던 수업 내용 및 새롭게 생긴 변화를 잠시 복습한 후 사무실 곳곳에 눈에 띄게 보였던 "사소한 일을 잘하자"라는 문구에 관해 물었다.

"그 액자를 보셨다니 다행이네요. 사실 하나 주려고 준비했습니다."

빈스는 책상으로 손을 뻗어 "사소한 일을 잘하자"라는 문구가 써진 세로 15센티, 가로 30센티 크기의 액자를 내게 건넸다.

"오늘 우리가 다룰 주제입니다. 대단한 일을 이루겠다는 목적에만 정신이 팔린 나머지 사소한 일을 등한시하는 사람이 많습니다. 언뜻 사소해 보이는 작은 행동들이 모이면 꾸준하게 중간 이상으로 오래가는 결과를 가져옵니다. 이 액자가 그 뜻을 계속 상기해 줄 수 있길 바랍니다."

선물에 감사 인사를 전하자, 빈스는 말을 이어갔다.

"우리 회사를 보고 신기한 일이 벌어지고 있다고 추측하는 사람이 많습니다. 흉내 낼 수 없는 대단한 성공을 이뤘다고 믿지요."

빈스는 잠시 침묵한 후 말했다.

"말도 안 되는 생각입니다. 사실 우리가 하는 모든 일은 어느 조직이든 누구라도 따라 할 수 있습니다. 매우 간단합니다. 회사 내 직책과 상관없이 모두가 '사소한 일을 잘하는 것'이 우리 회사의 본질입니다. 우리와 함께 일하는 모두에게 기대하는 것 외에도 조금 더 특별한 걸 제공하는 것을 우리의 소명으로 삼죠."

"마치 그 원칙을 모두에게 강조하는 것 같네요."

"바로 그겁니다. 회사의 핵심 원칙을 항상 염두에 둘 수 있도록 전 직원에게 이 액자를 나눠줍니다. 제가 매일같이 강조하는 간단한 신념입니다. 사소한 일을 잘하다 보면 큰일은 알아서 해결된다는 걸 깨달았죠. 사실 이것이 바로 인생의 원칙입니다. 알다시피 사람들은 평범함엔 별로 관심이 없습니다. 하지만 별거 아니더라도 평범함에서 단지 조금만 벗어나면 모두가 눈여겨보죠. 그래서 사소한 일을 잘해야 하는 이유가 그렇게 중요한 겁니다. 작은 일부터 꾸준하게 잘해야만 진짜 중요한 일을 이룰 수 있습니다. 그리고 관심 있게 둘러보면 '사소한 일을 잘하자.'라는 원칙을 바탕으로 서비스를 제공한다고 알려진 사람이나 기업이 제법 있습니다. 절대로 그렇게 놀랄 만한 일이 아닙니다."

빈스의 회사에 특별한 경영 원칙이 없단 사실이 믿기지 않아서 물었다.

"정말요? 저렇게 많은 상패를 받은 사람은 본 적이 없습니다. 회의실에서 기다리며 상을 보고 감탄했습니다. 선생님이 대단하다고 생각하는 사람이나 기업은 저도 아는 곳인가요?"

"당연히 아실 겁니다."

빈스는 책상 위에서 잡지 한 권을 집어 나에게 건넸다.

"사실 사무실에서 당신을 기다리며 읽던 기사입니다. 디즈니 월드에서 일하는 직원에 관한 기사죠. 기사는 디즈니 호텔에서 객실을 청소하는 직원을 다루고 있습니다. 직원이 객실 청소를 시작한 지 얼마 되지 않았을 때 방 한구석에서 새로 산 미키 마우스 인형을 발견합니다. 직원은 그저 청소를 마치고 미키 마우스 인형을 있던 자리에 놔뒀어도 그만이었을 텐데, 대신 사소한 일을 하기로 선택했습니다. 텔레비전을 디즈니 채널로 맞춰 켜고 인형을 침대 가장자리에 뒀죠. 방에 들어왔을 때 미키가 침대 끝에 앉아 디즈니 만화를 보고 있는 모습을 발견할 아이들 모습이 떠오르나요? 객실 청소가 업무였던 직원이 객실에 머무는 가족이 행복해질 방법을 찾은 겁니다. 마법인가요? 물론 아니지만, 놀다가 녹초가 돼서 저녁에 방에 돌아온 아이들에겐 마법이죠. 그 사소한 행동은 아마 아이들의 남은 평생 이야깃거리가 될 겁니다."

"디즈니는 훌륭한 서비스를 제공하는 회사네요. 고객을 위해 대단한 일을 많이 하는군요."

빈스가 날 제지하며 말했다.

"잠깐만요. 지금 이야기의 핵심을 놓치고 있군요. 이 기사는 디즈니에 관한 게 아닙니다. 사소한 일을 잘하기로 선택한 디즈니에서 근무하는 직원에 관한 기사입니다. 디즈니사는 직원에게 인형을 텔레비전 앞에 놓으라고 교육하지 않습니다. 객실 청소 직원이 미키 마우스 인형을 구석에 그대로 됐을 수도 있고, 그래도 여전히 디즈니에서 근무하고 있었겠죠. 하지만 그러지 않은 겁니다. 이 직원은 고객에게 행복을 선사할 방법을 찾았습니다. 그리고 분명히 그 행동으로 인해 자신도 행복해졌을 거라고 확신합니다. 직장 내에서 업무나 직책과 상관없이 모두가 작은 일도 훌륭하게 할 수 있단 것이 내가 말하고 싶었던 핵심입니다."

"무슨 말씀인지 알겠습니다. 저를 포함해 모두가 작은 일도 훌륭하게 할 기회가 있다는 거군요."

"'사소한 일도 잘하자.'를 실천하는 기업을 여기 오는 길에 분명히 지나왔을 겁니다."

빈스가 담담하게 말했다.

"칙필레$^{Chick-Fil-A}$가 좋은 본보기입니다. 경쟁이 엄청나게 치열한 업계에서 번창하고 있죠. 성공의 비결은 닭이 아닙니다. 바로 작은 행동 몇 가지를 훌륭하게 해냈기 때문입니다. 칙필레의 '비법 소스'는 주문을 받는 직원입니다. 드라이브스루에서 메뉴판과 아이패드를 들고 미소를 띠며 주문받는 직원이 될 수도 있습니다. 예를 들어 모든 칙필레 직원은 계산을 마친 후 '고객님이 방문해 주셔서 행복합니다.'라고 말하도록 교육받습니다. 별거 아니지만 기업에서 중요한 부분을 차지하죠."

"저도 들은 적이 있습니다. 그런데 단지 '방문해 주셔서 행복합니다.'라고 말했기 때문에 정말 그렇게 성공했다고 생각하세요? 전 잘 모르겠습니다."

빈스는 내 망설임에 놀라지도 않고, 자신이 생각하는 가정을 설명하려고 준비했다.

"자, 칙필레가 다른 경쟁자들보다 고객한테 더 잘하는 부분이 무엇인지 생각해 봅시다. 파는 음식이 경쟁업체보다 훨씬 더 맛있나요? 식사할 때 매장이 더 편한가요? 드라이브스루 주문 처리가 다른 곳보다 더 빠른가요? 아니면 매장이 가장 청결합니까? 어떻게 생각하세요?"

"음…. 정말 별로 차이가 없네요. 음식은 괜찮은 편이지만, 다른 데 비해 대단히 더 맛있는 것도 아닙니다. 매장이 이제는 편하지도 않고요. 사실, 갈 때마다 앉을 자리가 나길 기다려야 합니다. 드라이브스루 줄은 길죠. 하지만 드라이브스루 줄을 잘 통제해서 금방 줄긴 합니다. 매장은 청결하지만 다른 패스트푸드 매장과 비교해서 특별히 더 깨끗한지는 모르겠습니다."

"그렇다면 도대체 왜 줄을 서는 걸까요?"

"제 생각엔 칙필레에 가면 기분이 좋기 때문입니다. 직원이 항상 고객을 세심하게 배려하고 언제나 미소를 짓기 때문에 기분이 좋은 것 같습니다."

빈스는 동의한다는 듯 고개를 끄덕이며 말했다.

"치킨을 파는 매장은 넘쳐나죠. 그러나 유감스럽게도 고객 방문을 행복하다고 말해주는 직원을 찾기란 흔치 않습니다. 오히려 반갑지 않지만 어쩔 수 없다는 듯 고객을 대하는 매장이 많죠. '고객님이 방문해 주셔서 행복합니다.'라는 단순한 인사는 돈을 내고 서비스를 이용하는 고객에 대한 감사 표현입니다. 칙필레 직원들은 의무감이나 책임감으로 부담을 갖고 고객을 대하는 것이 아닙니다. 고객을 제대로 접객해야 한다는, 어쩌면 집착에 가까운 간절한 욕구가 있죠. 소비가 사람 사이에서 이뤄지는 거래란 건 단순한 사실입니다. 물건을 살 때 어떤 유형의 사람과 거래하고 싶습니까? 당신을 부담스럽게 여기는 사람과 고객으로 제대로 대우해 주는 사람 중에 선택한다면요?"

"제게 잘해주는 사람과 거래하고 싶습니다."

"물론 그렇죠. 지나치게 당연한 소리 같지만 친구, 가족, 직원, 고객 모두가 제대로 대우받고 싶어 합니다. 전 세계적으로 최고의 서비스를 제공하는 리츠칼튼 역시 '사소한 일을 잘하자.' 원칙을 실천하는 기업입니다. 기업의 경영철학은 단순하지만 아주 근사하죠. '우리는 신사 숙녀를 모시는 신사 숙녀다$^{We are Ladies and Gentlmen serving Ladies and Gentlemen}$.'가 리츠칼튼의 경영철학입니다."

처음 듣는 내용이었다.

"상당히 단순하면서 심오하네요. 그런 철학대로 기업을 운영한다면 명성이 높은 이유도 이해가 갑니다."

"맞습니다. 작은 일도 잘하는 것은 최고의 기업과 우수한 사람이 지닌 가장 훌륭한 특징입니다. 어느 분야에 있든 주어진 일 이상을 해내면 무리에서 누구보다 돋보입니다. 아, 물론 긍정적인 태도로 똑똑하고 문제 해결 능력이 뛰어나면서 함께 일하기 편한 사람이어야 합니다. 그러나 무엇보다 중요한 건 뛰어난 사람들은 앞에서 나열한 특징 이상을 보여줍니다. 필 슬로언이란 친구가 있는데 사소한 일도 잘하는 모범이 되는 사람입니다. 필은 내가 회원 가입한 골프 클럽에서 일합니다. 클럽 회원이 400명이 넘지만 분명히 모두 개인적으로 필이 작은 일도 훌륭하게 처리해준 경험이 있을 겁니다. 내가 만난 사람 중 가장 대단한 사람이죠. 작은 일도 훌륭하게 해내서 최고의 본보기입니다. 필은 개인적으로 내게 신경을 써줬습니다. 몇 주 동안 클럽에 가지 않으면 가족과 나에 관한 근황을 물어보고 챙기며 기분 좋게 해주었고, 더 필요한 건 없는지 계속 물어보며 편하게 운동할 수 있도록 모든 것을 살핍니다. 변함없는 행동 덕분에 내게 마음을 써준단 느낌은 커졌습니다."

나는 궁금해 물었다.

"정말 대단하네요. 필이 사소한 일도 잘 챙길 수 있었던 계기가 뭐라고 생각합니까?"

빈스는 대답하기 전 잠시 생각에 잠겼다.

"천성적으로 다정한 성격인 것도 한몫했을 것 같군요. 또한, 직업교육을 제대로 받았고 엄청난 독서광입니다. 하지만 내가 아는 누구보다 뛰어난 재주가 있습니다. 필의 가장 중요한 자질은 자기 일을 사랑하는 겁니다. 필이 이런 말을 한 적이 있습니다. '매일 새로운 사람을 만나니 일하러 가는 것이 즐거워요.' 직장에서 행복이 시작될 수 있는 방법을 전형적으로 보여준단 생각이 듭니다. 대부분 사람은 일하러 '가야만 한다.'라고 말하는 걸 눈치챈 적 있나요?"

"그럼요. 대부분 사람은 일하러 가야만 하죠."

"그런가요? 물론 생활을 책임져야 할 의무가 있죠. 하지만 '가야만 한다.'라고 계속 말하면 마치 하기 싫어도 해야만 하는 것처럼 들리네요. 필이 아침에 일어나 아내 에이미에게 일해야 생활비를 벌 수 있으니 출근해야만 한다고 말하면 충격적일 것 같습니다. 별거 아닌 거 같아도 인생에서 중요한 부분을 차지하고 있는데 부정적으로 바라보는 거니까요. 필은 아침에 일어나자마자 아내에게 '얼른 또 일하러 가야지!'라고 말할 거라 확신합니다. 성공하려면 필처럼 자신이 하는 일을 사랑해야 한다고 생각합니다. 당신도 태도를 '일하러 가야만 해.'에서 '얼른 일하러 가야지.'로 바꿔보면 어떨까요? 그 작은 한 가지 변화로 당신은 회사를 가야만 하는 피해자에서 직업은 선물이자 특권이라고 인정하는 사람으로 변합니다. 사소한 거지만, 이 작은 행동이 당신과 주변 사람에게 변화를 가져올 수 있습니다."

빈스가 한 말을 진지하게 생각했다.

"출근을 대하는 제 태도가 행복이나 성과에 어떤 영향을 미칠지 고려해본 적이 없습니다. 손쉽게 바꿔볼 수 있는 행동이네요. 오늘 이 사무실을 나서면 어서 일하러 가야겠어요!"

빈스는 미소를 띠며 말했다.

"'사소한 일을 잘하자.' 철학은 결국 큰 발전을 가져올 수 있습니다. 매일 조금씩 작은 일을 추가하고 모든 일에 감사를 표현하면 인생이 달라질 수 있습니다. 사실은 대부분 사람은 주어진 최소한의 일이 끝나면 거기서 멈춥니다. 하지만 그때가 바로 '작은 일' 추가하기를 시작할 때죠."

빈스의 말에 호기심이 생겼다.

"선생님은 매일 '사소한 일을 잘하자.'를 실천하기 위해 하는 일이 있나요?"

"좋은 질문입니다."

빈스는 책상 첫 번째 서랍을 열어 개인 노트 더미를 꺼내며 말했다.

"이 노트가 보이죠? 직원이나 친구 또는 고객 중 매일 최소한 한 명에게 개인적으로 메모를 씁니다. 한 5분 정도 걸리지만 가장 소중하게 여기는 시간입니다. 내가 보낸 짧은 글을 사람들이 얼마나 잘 기억하는지 알면 놀랄 겁니다."

"전혀 놀랍지 않습니다. 칭찬하는 이메일은 받아봤지만, 생각지도 못한 손편지를 받아 본 적이 없습니다. 직접 쓴 편지를 받았다면 상당히 의미가 깊을 겁니다."

"문자나 이메일로 칭찬하는 것도 좋지만 마음을 담은 손편지를 대신할 만한 것은 없죠."

빈스는 강조하며 덧붙였다.

"작은 일을 잘하자는 원칙을 실천으로 옮기는 훌륭한 사례는 많습니다. 예를 들어 음성을 남기거나 문자나 이메일을 보내는 것보다 직접 건 전화 한 통이 훨씬 더 큰 영향을 미칩니다. 아니면 친구나 고객의 생일이나 중요한 가족 행사를 외우는 깃도 중요합니다. 모든 사람의 이름을 외우려는 노력도 의미 있습니다. 프로젝트에 지원해보는 것도 작지만 훌륭한 일입니다. 대부분 사람이 무시하는 작은 일을 해보는 겁니다. 지금 말한 건 단지 몇 가지 예로 든 것뿐입니다. 당신이 시도할 수 있는 작지만 의미 있는 일이 훨씬 더 많습니다. 어렵지 않으니 복잡하게 생각할 거 없습니다. 작은 일을 잘 해내다 보면 사람들은 당신에게 의리를 지키며 당신 곁에서 행복해질 겁니다. 그리고 평범한 결과를 얻고 만족하는 사람들을 점점 멀리하게 될 것입니다. 평범하게 배우고 적당히 주거나 격려하며 열정도 보통인 사람들이죠. 평균적인 일조차 평범하게 하는 일반인입니다. 그러나 당신은 평범하기엔 재주가 지나치게 많습니다. 작은 일부터 잘하려고 결심하면 아마 평범함을 기꺼이 뛰어넘으려는 사람이 많지 않으므로 홀로 남아 있는 자신을 발견할지 몰라도 바로 그때 오랫동안 지속할 수 있는 성공과 행복이 다가옵니다. 제가 성공할 수 있었던 중요한 이유가 '사소한 일도 잘하자.'라는 태도였다고 확신합니다. 한층 더 노력하거나, 방문해 주셔서 행복하다고 하거나, 신사 숙녀가 신사 숙녀를 모시는 원칙이 중요한 것이 아니라 당신이 반영하고 싶은 걸 반영하는 것이 중요합니다."

난 작은 소리로 중얼거렸다.

"너무 쉬워 보이는데요."

중얼거리는 소릴 듣고 빈스가 말했다.

"맞습니다. 간단하죠. 기대치 이상을 해보세요. 급여를 받기 위해 해야 하는 최소한의 업무 이상을 기꺼이 한다면 결국 원하는 일을 하면서 돈도 더 받게 될 겁니다. 그 수준에 도달했을 때 당신은 최고의 위치에 있겠죠. 제가 바로 산 증거입니다. 간단한 원칙일지 몰라도 평범한 사람보다 나아지려면 대가를 치르기 위해 집중해야 합니다. 현실적으로 대부분 사람은 말한 것도 지키지 않습니다. 전부 다하는 경우는 드물고 하다가 말죠. 일부러 그런 건 아니겠지만 완벽하게 실행으로 옮기지 않습니다. 결국 약속을 어기죠. 말만 하고 지키지 않는 일이 얼마나 잦은지 놀라울 정도입니다. 약속을 어길 때마다 진실성이 의심스럽죠. 사회생활을 시작하면서 말한 대로 행동으로 옮기고 올바른 일을 하기 위해 최선을 다한다면 나머지는 저절로 따라온다는 걸 배웠습니다. 제대로 해야 할 일이 무엇인지 결국 알것이고 자신의 말이 진심인지도 언제나 알고 있을 겁니다. 그리고 사람들은 판단 착오는 용서하고 금방 잊어도 진실성을 의심하게 하는 실수는 거의 잊지 않습니다."

난 어쩐지 방어적으로 말했다.

"힘든 시기를 보내고 있지만, 제 진실성은 아직은 꽤 믿을 만하다고 생각합니다."

"좋습니다. 하지만 상대방이 받아들이는 기준과 당신이 판단하는 척도가 다를 수도 있습니다. '나중에 연락할게요.' '곧 알려드리겠습니다.' '지금 바로 처리할게요.'처럼 단순하고 평범하면서 겉으로 봤을 때 피해를 주지 않는 것처럼 보이는 말들을 가볍게 여기는 사람이 많습니다. 그리고 자신이 했던 약속을 잊어버리죠. 이런 말들은 상관없다 여기겠지만 상관있습니다. 다른 사람의 관점에선 전부 상관있습니다."

나는 마지못해 인정했다.

"그런 작은 약속까지 포함하면 아마 좀 어긴 적도 있습니다. 항상 말한 대로 지키려고 하지만, 솔직히 말하면 다른 일에 집중하다 보면 특히 그런 사소한 일은 처리하지 못합니다."

빈스는 내 고백에 놀라지 않았다.

"때론 실천하지 못할 말을 하는 사람이 많습니다. 유감스럽게도 당신이 실행에 옮길 의사가 있었는지까지 판단하는 사람은 없습니다. 사람들은 결과만 보고 평가하죠. 어쩌면 사소한 약속을 중요하게 여기지 않은 걸 남이 양해해 주길 바랄 수도 있습니다. 하지만 사람들은 당신이 바라는 대로가 아니라 자신들이 생각하는 대로 당신을 평가할 겁니다. 당신이 말하는 모든 말이 중요하다고 강조하는 겁니다. 아주 작고 사소한 약속이라도 중요합니다. 내 친구는 이렇게 표현했죠. '약속한 대로 행동하자. 그리고 약속했던 것보다 조금 더 잘하자.' 우리 모두에게 적용할 수 있는 좋은 목표입니다."

빈스의 말을 듣고 썩 유쾌하지 않았다. 잠깐 생각을 정리한 후 내가 생각하는 바를 말했다.

"별로 중요하다고 생각하지 않았던 약속을 했을 때 진실성이 어떻게 평가될지를 쉽게 생각했던 것 같습니다. 진실성은 거짓말, 도둑질, 횡령처럼 심각한 행동으로 판단한다고 여겼어요. 말씀하신 대로 모든 것이 중요하다는 자각이 더 필요할지도 모르겠습니다."

"사소하고 하찮은 약속도 어기는 사람이 중요한 약속을 지킬 거라고 믿을 이유가 있을까요?"

빈스가 진지하게 물으며, 이어 말했다.

"대부분 사람이 일부러 거짓말한다고 생각하지 않지만 남의 비밀을 말하고 다니거나 과장해서 이력서를 작성하는 걸 봤죠. 또한, 다른 사람의 공을 가로채는 것도 봤고 악의적으로 남을 험담하는 것도 들었습니다. 이 모든 것이 믿음을 저버리는 행동입니다."

빈스의 말에 나는 수긍했다.

"저도 같은 일을 목격했지만, 모두가 흔히 하는 그저 단순하고 사소한 선의의 거짓말이라고 합리화했습니다."

"어쩌면 모두 조금씩은 선의의 거짓말을 하겠죠. 하지만 자신에게 물어보세요. 중요하지 않은 작은 거짓말이 어디까지죠? 작은 거짓말이 갑자기 중요할 정도로 커지는 그 경계가 있나요? 그렇다면 누가 그 경계를 정하나요? 그런 경계는 없다고 생각합니다. 진실은 상대적이 아니라 절대적입니다. 최선을 다해 정확하게 100퍼센트 정직해야 합니다. 생각해 보면 주변 사람에게 당신이 하는 말이 매우 중요한 건 당연합니다. 모두가 당신이 말하는 대로 할 거라고 한 치의 의심도 없이 확신하고 싶어 합니다. 그리고 당신의 진실성은 장기적으로 성공과 행복에 큰 영향을 미칠 거라고 믿습니다. 다시 말해 원만한 관계를 유지하는 '윤활유'입니다. 그리고 신뢰의 토대를 다집니다."

"다른 사람이 내 진실성을 판단하는 방법을 그다지 생각해본 적이 없습니다. 지금부터 그 부분을 좀 더 신경을 쓰겠습니다."

빈스는 열정적으로 말했다.

"진실성은 가장 중요한 자산이므로 반드시 보호하고 지켜야만 합니다. 진실성만큼 중요한 건 없습니다. 아무도 믿어주는 사람이 없다면 당신이 하는 말은 중요하지 않습니다. 그리고 당신이 말한 대로 지킬 거라 믿어주는 사람이 없다면 당신이 얼마나 열심히 하고 전문적이며 용감하거나 긍정적인지는 중요하지 않습니다. 당신이 하겠다는 약속을 신뢰할 수 없다면 어떤 성향도 중요하지 않습니다. 진실성에 흠집이 나면 실패하고 불행해지는 주요 이유가 됩니다. 운동선수, 영화배우, 정치인, 기업 경영인, 거리에 사는 이웃들도 마찬가지로 물의를 빚는 행동으로 매일 저녁 뉴스에 등장하는 사람들을 보세요. 살면서 어느 순간 대부분 자만심과 욕심으로 진실성이 무너지는 때를 보여줍니다."

난 빈스가 어떤 생각을 하는지 매우 궁금해 물었다.

"진실성을 보호하고 지키는 방법에 대해 조언을 해주실 수 있나요?"

"또다시 좋은 질문을 했습니다!"

빈스는 기꺼이 자신의 경험을 공유해 줄 태세였다.

"진실하게 사는 사람은 완벽한 사람입니다. 진실하지 않으면 불완전한 일부에 불과합니다. 그러니 진실성을 보호하는 일은 장기적인 행복과 성공을 이루는 가장 중요한 일입니다. 의식적으로 다음의 네 가지 행동을 한다면 관계를 개선하고 신뢰도를 향상해 항상 곁에 자주 있고 싶은 사람이 될 수 있다고 믿습니다."

첫째, 스스로 기본적인 진실성을 확인해 보세요.

지금 하려는 행동이 어떤 식으로든 불법적이거나 비도덕적이거나 윤리에 어긋납니까? 혹시라도 그렇다면 그만두십시오. 더 말할 필요도 없습니다. 불법적이거나 비도덕적이거나 윤리에 어긋나는 일은 무엇이든 해야 할 타당한 이유가 절대 없습니다.

둘째, 자신에게 질문해 보세요.

'옳은 일이 무엇인가?' 그 질문에 대한 답은 깨닫게 될 것입니다. '옳은'이란 단어를 숨기고 싶은 마음과 상관없이 스스로 솔직하다면 '옳은 일'은 반드시 드러납니다.

셋째, 약속을 지키십시오.

지킬 수 없는 약속은 아무리 사소하다 해도 하지 마십시오. 거절을 어려워하는 사람이 많습니다. 그리고 자신이 알았다고 한 약속을 기억하는 사람이 없기를 바라죠. 바로 신뢰를 저버리는 습관입니다. 약속하려면 포기해야 하는 것이 생길 수도 있습니다. 그런 경우 자신에게 물어보십시오. '변경해도 괜찮은가?'

넷째, 약속을 지킬 때 '노력해볼게요.' 하는 태도는 버리십시오.

'노력해볼게요.'라고 말하는 대신 상대방에게 '안 된다.' 혹은 '저만 믿으세요.'라고 하십시오. '노력해볼게요.'라고 말하면 애매하고 우유

부단하며 무관심해 보이며, 그렇게 말하면 진짜로 약속을 지키겠단 것이 아닙니다. '저만 믿으세요.'라는 말이 훨씬 분명하고 직접적이며 효과적입니다. 또한 약속한 내용을 정확하게 기록하고 우선순위를 정해야 합니다.

"물론 말한 대로 약속을 지킬 수 없는 일이 드물게 발생합니다. 그런 일이 생기면 바로 말씀하십시오. 잠시도 지체하지 마세요. 하겠다고 말한 약속을 지키지 못할 위기가 닥친다면 상대방은 대처할 시간이 필요합니다. 당신에게 닥친 위기 때문에 다른 사람도 피해를 본다면 불공평하니까요."

"그렇군요. 누구에게도 피해를 줬다는 책임을 느끼고 싶지 않습니다. 하지만 약속을 지킬 수 없다고 연락하는 것도 싫습니다."

"누구도 그런 연락을 하고 싶지 않겠지만, 빨리 알려줄수록 다른 사람에게 대처할 시간이 더 생겨 피해를 줄일 수 있습니다."

빈스는 다시 한번 강조했다.

"명심하세요. 모두 약속을 지키는 사람과 친하게 지내고 싶어 합니다. 사소한 것이 가진 영향력과 절대적인 진실성이 지닌 중요성을 발견한 것이 제겐 인생에서 가장 중요한 순간이었습니다. 이번 주, 사소한 일을 잘하는 걸 반드시 실천해보길 바랍니다. 태도와 행복지수, 결과에 반드시 차이가 생길 겁니다. 시험해보세요."

나는 빈스에게 자신있게 약속했다.

"저만 믿으세요. 다른 사람들이 제 진실성을 보는 관점도 더 자각하겠습니다. 다음 주에 결과를 보고드리겠습니다."

나는 사무실을 나서면서 빈스가 내게 해준 모든 조언이 얼마나 단순하면서 심오한지 깨달았다. 개선해야 할 사항이 많았다.

사소한 일을 잘하자

성공은 마법이 아니다. 평범함을 극복하고 직장에서
직무 기술서에 명시된 그 이상의 일을 해내야 한다.

❖❖❖

성공은 자기 자신을 대단하다고 여기며
다른 사람도 나를 대단하다고 느낄 때 시작된다.

❖❖❖

한층 더 노력하려는 사람은 많지 않다.
그래서 그 여정은 고독할 수 있다.

❖❖❖

최선을 다해 정확하게 100퍼센트 정직해야 한다.

❖❖❖

진실성을 보호하고 지켜야 한다. 내게 가장 중요한 자산이다.

❖❖❖

약속할 때 자신 있게 "저만 믿으세요."라고 하자.

❖❖❖

내 능력을 발휘해 사소한 일도 잘하자.

안개를 걷어라

상상력을 발휘해 알지도 못하는 사실에
대처하려는 건 그만둬라

LIFT THE FOG

빈스를 만나러 가기 위해 여유시간을 충분히 두고 집을 나섰다. 즐거운 마음으로 수업을 기다렸기 때문에 늦고 싶지 않았다. 그러나 사무실을 가는 중에 지나야 하는 호수에 도달하자 다리에서 일시적으로 차량을 전면 통제하고 있었다. 호숫가 안개가 너무 짙어서 시야를 거의 확보할 수 없기 때문이었다. 다리 폐쇄로 수업을 미뤄야 할까 봐 불안했다. 빈스에게 전화해 상황을 설명했고, 빈스는 즉시 내 걱정을 덜어줬다.

"괜찮습니다. 일정을 조정할게요. 안개가 걷히면 오세요."

아침 8시쯤이 되자 서서히 안개가 걷히고 하늘이 맑

아졌다. 갑자기 상황이 확 달라지며 한눈에 먼 거리까지 시야에 들어왔다. 안개가 자욱하고 짙게 깔려 있다가 갑자기 맑고 깨끗한 하늘이 드러나는 변화가 신기했다.

8시 15분쯤 사무실에 도착하여 직원에게 말한 뒤 빈스가 로비에 나타날 때까지 잠시 기다렸다. 빈스는 환하게 미소 지으며 당당하게 악수를 청했고, 긍정적이면서 에너지 넘치는 태도로 나를 맞이해줬다. 그곳에서 확실하게 존재감을 드러냈다.

빈스는 날 사무실로 데려가 책상 앞에 늘 앉는 자리에 앉으라고 손짓했다. 수업을 시작하며 빈스가 말했다.

"오늘 아침에 오려고 애써줘서 고마워요. 다리를 폐쇄했다니 놀랐겠어요. 흔치 않은 일이죠. 하지만 오늘 날씨 좋아진 걸 보세요. 늦는다고 미리 연락해 줘서 고맙습니다. 덕분에 일정을 조정할 수 있었으니 전혀 문제없습니다. 지난주엔 어떻게 보냈어요?"

나는 지난번 수업 내용을 바탕으로 개선한 내용을 기분 좋게 보고했다. 빈스가 준 "사소한 일을 잘하자"는 액자를 눈에 잘 띄는 장소에 걸었으며, 작은 일들을 처리하고 약속을 잡을 때 더 신경 쓰며 바꾼 몇 가지 변화도 알려줬다. 그리고 힘든 시기를 겪고 있는 친구에게 손으로 쓴 편지를 보냈으며, 친구가 고맙다고 이메일로 답장한 일도 말했다. 내 이야기에 빈스는 기뻐했다.

"훌륭합니다. 엄청난 변화가 있군요. 오늘은 마찬가지로 당신이 배울 수 있을 만한 다른 수업을 준비했습니다. 몇 년 전 인생에서 의미 있는 사건이 있었습니다. 다른 회사 대표로 일할 때 생긴 일입니다. 힘든 시기였죠. 경기는 나빴고 제품 생산은 지연됐으며 좋은 성과를 내는 직원들이 회사를 그만뒀습니다. 하지만 그 당시 내 눈에 보이는 건 경기가 나쁘고 생산이 지연되는 것뿐이었죠. 내 인생에 드리운 안개는 오늘 아침 본 안개보다 짙었습니다. 그때 한 친구가 내게 '어떤 상황에 처했든 간에 방법을 찾아볼 수 있고 그중엔 언제나 네가 할 수 있는 일이 있다^{Something can be done, and there is always something you can do}.'라고 말해줬습니다. 친구의 말이 뇌리에 박혔고 직장 생활을 하는 내내 의지가 되는 말이었습니다. 친구는 내 상황을 잘 알지 못했지만, 개인적으로나 직업적으로나 내가 세상을 보는 관점을 바꾸도록 근사한 선물을 줬습니다."

"그래서 어떻게 하셨습니까?"

"친구의 말을 그대로 믿었습니다. 내게 일어난 일을 분석하기 시작했습니다. 시도할 수 있는 방법을 찾아서 그중 내가 할 수 있는 일을 생각해 보고 적었습니다. 특히 경기 침체 및 생산 문제 때문에 기업에 가장 소중한 자산인 직원들이 회사를 그만두면서 마찬가지로 비슷한 문제가 있던 다른 기업으로 이직하는 것이 눈에 확 들어왔습니다. 자세한 내용은 생략하겠지만, 친구가 알려준 지혜는 사실이었습니다. 그래서 아직 일어나지 않은 일에서 일어난 일, 할 수 없는 일에서 할 수 있는 일로 관심을 돌렸습니다. 친구 덕분에 관점이 바뀌면서 인생과 경력도 함께 달라졌습니다. 처리하는 방법은 많았고, 그중 내가 할 수 있는 일은 충분했습니다. 그날 이후 친구가 해준 말은 희망을 품고 용기를 낼 수 있는 원동력이 됐습니다. '방법을 찾아볼 수 있다.' 라는 말은 현재 처한 상황이 영원히 지속되는 건 아니고 지금 당장 무엇인가 변화를 줄 수 있단 의미입니다. '언제나 내가 할 수 있는 일이 있다.'는 말은 다음 선택은 항상 내게 달렸다는 뜻입니다."

"무슨 말씀인지 이해합니다."

나는 다음 말을 꺼내기 전에 잠시 망설였다.

"하지만 막막한 상황이 닥치면 무엇을 해야 할지 갈피를 잡기 어렵습니다. 어디를 향해 가고 있는지 알 수 없으니 앞으로 나아가기 힘듭니다. 언제나 할 수 있는 일이 있단 사실을 받아들이기가 괴롭습니다. 게다가 다음 결정은 항상 제가 해야 한다니요?"

"걱정하는 바는 이해가 갑니다. 하지만 생각해 보세요. 해야 할 일이 당장 알 수 있는 행동은 아닐 수도 있습니다. 예를 들어, 오늘 아침 이쪽으로 올 때 안개를 해결할 방법이 있었나요?"

"아니요. 저도 같은 생각을 했습니다. 안개가 걷히도록 제가 할 수 있는 일은 아무것도 없었습니다. 전 갇혀있었죠."

내 생각을 제대로 전달했단 확신이 들었다.

"그래서 나한테 전화해 상황을 설명했죠. 전화했을 때 기분이 어땠습니까?"

"약간 스트레스를 받았습니다. 약속 시각을 바꿀 수 없어 연기하거나 취소할까 봐 조바심이 났죠. 안개가 얼른 걷히길 기도했습니다."

"자, 내가 잘못 이해한 거라면 바로잡아 주세요. 그런데 내가 보기엔 당신이 할 수 있는 최고의 대처를 한 것 같습니다. 안개는 통제할 수 있는 것이 아니지만 당신이 아무 행동도 하지 않았다면 무단으로 나타나지 않아 우리 수업은 취소됐겠죠. 오늘 아침에 안개는 당신 책임이 아니지만 안개 때문에 내려야 할 의사 결정은 당신 소관입니다. 내게 연락하고 기도하면서 안개가 걷히길 인내심을 갖고 기다렸죠. 시도해 볼 방법이 있었고 당신은 실행했죠."

"선생님에게 연락한 걸 상황을 주도적으로 해결했다고 연결해 생각해 보지 않았습니다. 안개가 걷히는 것만이 상황을 해결할 수 있는 유일한 방법이라고 여겼거든요."

"오늘 아침에 안개가 끼어 다행이네요."

빈스가 한 말에 놀란 내게 그는 뜬금없는 질문을 했다.

"오늘 아침처럼 안개가 자욱하게 끼려면 물이 얼마나 필요할 것 같나요?"

"모르겠습니다. 수백, 아니 수천 리터가 필요하겠죠?"

내 말에 빈스는 미소 지었다.

"오늘 아침처럼 안개가 도시의 7블록을 30미터 두께로 덮는 데 필요한 물은 한 컵 정도라고 읽었습니다. 적은 양의 물이 다리를 폐쇄할 정도로 짙은 안개를 만들 수 있다는 사실이 믿어지나요? 하지만 안개는 영원하지 않습니다. 극히 적은 양의 일반적인 물질로 만들어 낸 일시적인 현상이죠. 대부분 사람은 스스로 안개를 만든다고 생각합니다. 짙은 안개를 형성하기 위해 사용하는 두 가지는 바로 끊임없는 걱정과 늘 부정적인 감정입니다. 걱정과 부정적인 반응으로 생긴 안개는 너무 짙어서 어떻게 움직여야 할지 알 수 없습니다."

빈스의 말에 나는 반박했다.

"압니다. 하지만…. 현재 내 인생에서 일어나는 일을 걱정해야 하지 않나요? 상황을 무시한다고 안개가 걷히는 데 도움이 된다니 이해가 가지 않습니다."

빈스는 빠르게 대답했다.

"걱정과 근심은 다릅니다. 걱정은 건전하고 이로울 수

있습니다. 실제로 일어난 상황을 해결하죠. 오늘 아침만 봐도 당신은 안개가 낀 상황을 당연히 염려했죠. 실제로 일어난 일이고 상황을 판단할 수 있었습니다. 그러다 사고의 흐름이 일어날 수 있는 일에 대한 근심으로 바뀌었죠. 발생할 가능성은 있지만 실제로 일어나지 않은 일 때문에 속을 태우기 시작했습니다. 시간을 바꾸거나 수업을 취소하거나 혹은 뒤로 미루는 상황은 모두 일어날 수 있는 상황이었지만, 정말 일어난 일은 아니었어요. 현재 상황에 집중하지 않고 어쩌면 일어날지도 모를 일에 관해 부정적으로 생각하기 시작한 거죠. 진짜 현실과 일어날 수 있는 현실은 걱정과 근심처럼 다릅니다. 걱정은 괜찮지만 근심은 결국 건강하지 못한 조바심과 심지어 우울증을 낳는 파괴적인 생각에 이릅니다. 근심거리에 대해 생각해 봅시다. 얼 나이팅게일Earl Nightingale은 자기 계발 분야의 선구자로 걱정의 효과를 연구했습니다. 나이팅게일은 사람이 걱정하는 일 중 40퍼센트는 절대 일어나지 않는다고 결론 내렸습니다. 40퍼센트! 절대 일어나지 않을 일에 쓰는 시간, 감정 및 에너지 소모가 정말 큽니다."

난 씁쓸하게 미소 지으며 살짝 우스갯소리를 했다.

"그 통계치를 들은 적이 있습니다. 생각해 보면 꽤 놀라운 수치죠. 하지만 걱정하면 대부분 절대 현실로 일어나지 않기 때문에 걱정은 해야 한다고 들은 적도 있습니다."

내 말에 빈스는 웃었다.

"재밌긴 한데 걱정한다고 해서 아무 일도 일어나지 않는 건 아닙니다. 게다가 얼굴을 보니 이미 그 사실을 알고 있는 것 같군요. 같은 연구에서 우리가 하는 걱정 중 30퍼센트는 이미 바꿀 수 없는 지나간 과거이며, 12퍼센트는 대개 사실이 아닌 타인에게서 듣는 비난에 관한 걱정이라고 밝혀졌습니다. 10퍼센트는 건강을 염려하는데 대개 오히려 건강을 악화시킬 뿐입니다. 우리가 직면해야 할 문제에 대한 걱정은 단지 8퍼센트이며, 그중 오직 반 정도만 우리가 통제할 수 있습니다. 계산이 되나요?"

"잠시만요."

난 노트를 들여다보며 말했다.

"글쎄요. 40퍼센트는 절대 일어나지 않는 일이고, 30퍼센트는 이미 과거에 일어난 일이죠. 12퍼센트는 아마 사실이 아니겠죠. 건강 걱정은 10퍼센트이고, 8퍼센트가 현실에 대한 걱정이지만 절반만 통제 가능하다고 했습니다. 그러니 아마 4퍼센트 정도가 통제할 수 있는 일이겠군요. 말도 안 돼요."

"네. 정말 믿기 어렵죠. 수치를 두 배, 세 배, 네 배 높이면 어떨까요? 그럼 어느 정도가 적당할까요? 얼마큼 통제할 수 있을까요?"

나는 재빨리 머릿속으로 계산했다.

"8퍼센트, 12퍼센트, 16퍼센트를 통제할 수 있을 것 같습니다. 하지만 여전히 낮은 수치입니다. 저 연구에 따르면 근심은 꽤 형편없는 시간 투자 방법이군요."

빈스는 내가 내린 결론에 동의했다.

"네, 그렇죠. 통제할 수 있는 골칫거리가 4~24퍼센트 사이라 해도 에너지를 걱정하는 데 쏟아붓기엔 여전히 낮은 수치입니다. 근심은 사람을 무력하게 만들고 무력해지면 별로 좋은 일이 생기지 않습니다. 그래서 누가 걱정하느라 애간장이 탔다거나 죽을 만큼 걱정했다고 하면 아마 맞는 말일 겁니다. 근심은 오늘 아침 당신 시야를 가로막았던 안개처럼 짙어집니다."

그리고 빈스는 내게 물었다.

"갑자기 숨이 콱 막혀본 적이 있나요?"

"네. 축구할 때 자주 그럽니다. 너무 고통스럽죠."

"두렵죠."

빈스는 동의하며 말을 이어갔다.

"나도 미식축구를 하던 시절에 여러 차례 숨을 쉴 수 없었던 경험을 했습니다. 매번 단지 몇 초였을 뿐인데 숨을 쉬지 못하는 순간이 영원한 것처럼 보이죠. 호흡을 가다듬는 동안은 움직일 수도 없었습니다. 근심은 숨 막히는 것과 같습니다. 사실 '근심'이라는 단어가 '숨이 막히다 혹은 목을 조른다.'에서 유래한 단어입니다. 근심은 괴로운 생각으로 자신을 괴롭히는 것입니다. 공포를 조장하고 에너지를 소모하며 최고의 모습을 이루지 못하도록 방해하죠."

"저도 다른 사람과 마찬가지로 속을 태울 일이 많은 죄인입니다. 하지만 걱정은 인간의 본능이라고 생각합니다. 근심을 거둘 방법이 정말 있습니까?"

"방법을 찾을 수 있고, 그중엔 언제나 당신이 할 일이 있다고 했던 내 친구의 말을 기억해보세요."

빈스가 강조하며 말했다.

"내가 걱정하는 이유와 걱정하는 대신 할 수 있는 일을 정말 많이 고민했습니다. 도움이 됐던 몇 가지 생각이 있습니다. 받아 적으세요."

첫째, 앞서 생각하지 마세요.

오늘 아침 내가 약속을 취소할까 봐 걱정했다고 했는데 난 지금까지 문제가 생겨 약속을 취소할 수도 있다고 여길 만한 일을 했던 적이 없습니다. 왜 그런 걱정을 했죠? 내 행동을 미리 짐작할 수 있다고 생각했습니까? 이것이 바로 사실을 알지 못할 때 최악의 상황이 생길 거라고 상상하는 건 버릇이며, 상상한 내용을 바탕으로 추측해버리는 것입니다. 그렇게 한 추측은 언제나 거의 틀립니다. 미래를 보는 능력이 있는 건 아닐 겁니다. 상상력을 발휘해 알지도 못하는 사실에 대처하려는 건 그만두세요. 걱정은 지식으로 치료할 수 있습니다. 사실을 이해하지 못했으면서 좋은 결정을 내릴 만큼 똑똑한 사람은 없습니다. 진만 빠지게 하는 일로 걱정을 사서 하기 전에 사실부터 파악하십시오. 스스로 물어보세요. '내가 지금 걱정하는 일이

현실에서 일어날 확률이 얼마나 될까?'

둘째, 통제할 수 없는 걸 통제하려고 노력하지 마십시오.

스스로 솔직히 생각해서 당신이 통제할 수 있는 걸 정하세요. 안개를 막을 순 없었지만 대처하는 방법은 통제할 수 있었습니다. 당신이 조절할 수 없는 일을 걱정하면서 스스로 궁지에 몰아넣지 마세요. 직접 통제할 수 있는 걸 정하고 행동으로 옮기세요. 그리고 설령 고민하고 있던 일이 정말 일어나면 발생할 수 있는 최악의 사태가 무엇일 것 같나요? 통제할 수 있는 몇 안 되는 걱정하던 일이 일어나면 인생에 어떤 영향을 미칠까요? 오늘 아침 일어날 수 있었던 최악의 상황은 수업 취소였습니다. 아마도 당신이 생각하는 것만큼 불행하진 않았겠죠. 비록 우리 둘 다 약간 일정을 바꿔야겠지만, 당신은 결국 나온 결과를 받아들일 수 있었겠죠.

셋째, 바쁘게 살며 할 수 있는 일을 하십시오.

상황을 통제할 수 있다면 최악의 상황이 발생하지 않도록 확실하게 계획을 세우십시오. 발전하겠다고 노력하며 바쁘게 살다 보면 걱정할 시간이 없다는 걸 깨달을 겁니다. 자신이 할 수 있는 모든 걸 했다면 그냥 잊어버리세요. 걱정한다고 누구에게도 도움이 되지 않습니다. 오히려 당신과 주변 사람들을 괴롭게 할 겁니다.

빈스의 말에 나는 진지하게 더 알고 싶어서 솔직히 말했다.

"실행으로 옮기는 게 어렵습니다. 오늘 아침 안개가 낀 상황은 달랐습니다. 선생님께 연락해서 상황을 전달하는 건 복잡한 일이 아니었습니다. 하지만 대부분 상황은 그렇게 분명하지 않습니다."

"일리 있는 말입니다. 하지만 명심하세요. 방법을 찾아볼 수 있고, 그중엔 언제나 당신이 할 수 있는 일이 있습니다. 무슨 일을 할지 모르겠으면 직접 선택 사항을 만들어 보세요. 그런 상황이 오면 난 가능성이 큰 선택 사항을 더 많이 만들도록 간단히 연습할 겁니다. 연습하다 보면 안개로 시야가 막혔을 때 더 분명하게 볼 수 있을 겁니다. 종이에 숫자를 1부터 7까지 적으세요. 그리고 상황을 해결할 수 있는 대안을 최소한 일곱 가지 찾아보십시오. 일곱 가지를 다 찾을 때까지 멈추지 마세요. 아이디어가 바닥났다는 생각이 들겠지만 그렇지 않습니다. 최소한 일곱 가지를 생각해 보세요. '고정관념에서 벗어난' 것으로 보이는 가능성을 고려해야 할 수도 있습니다. 가장 깊은 곳에서 머리를 쥐어짜며 생각해낸 일곱 번째로 적은 방법이 가장 좋은 해결 방법일 때가 많습니다. 심지어 여러 가지 다양한 방법을 섞어 사용할 수도 있습니다."

빈스가 제안한 연습을 노트에 적은 후 읽어 봤다.

"방법을 알려주셔서 감사합니다. 벌써 시도해 볼 몇 가지 상황이 떠올랐습니다."

"도움이 되길 바랍니다. 근심은 안개를 생성하는 두 가지 큰 요인 중 하나입니다. 다른 하나는 비관주의, 공포, 의심과 같은 부정적인 감정입니다. 관찰해보니 성공한 사람들은 긍정적입니다. 행복한 사람들도 긍정적입니다. 긍정적인 사람은 현재 상황이 전혀 달라도 성공해서 행복했을 때와 똑같이 대처할 방법을 찾습니다. 하지만 그다지 성공하지 못한 사람들은 과거의 실패와 불행에 연연하고 같은 사건을 반복하며 결론을 맺습니다. 최고의 모습을 이루고 싶다면 긍정적이고 낙관적인 태도를 유지하세요. 당신의 태도는 인생에 접근하고 인간관계를 형성하는 방법에 영향을 미칩니다. 할 수 있다는 마음가짐이 있다면 할 수 있다는 사고를 지닌 사람들을 끌어들일 겁니다. 긍정은 인생을 새로운 궤도로 바꾸는 기폭제가 될 것이며, 원하는 모습을 이룰 수 있도록 도와줍니다."

빈스의 말에 난 단호하게 말했다.

"하지만 힘들 때 긍정적인 마음을 유지하기는 어렵습니다."

"모두가 어려워합니다. 처음 내게 전화했을 때 당신은 진짜로 열정이 없었습니다. 무기력했고 낙관적으로 상황을 볼 수 없는 상태였죠. 내 눈에도 보일 정도니 아마 당신 주변 사람들은 모두 눈치챘을 겁니다. 당신이 세상을 보는 관점은 중요합니다. 몇 년 전, 내 의도를 제대로 묘사한 이야기를 들었습니다."

신발 제조업체에서 일하는 연구원 두 명을 후진국에 각각 파견했다. 두 사람에겐 그 나라에서 사업 잠재력을 파악하는 임무가 주어졌다.

몇 주 후, 첫 번째 연구원이 보고서를 보냈다.

"시장성 없음. 아무도 신발을 신지 않음."

며칠 후, 두 번째 연구원이 보고서를 보냈다.

"시장성 훌륭함. 아무도 신발을 신지 않음!"

"두 사람은 같은 상황을 봤지만 생각이 달랐습니다. 첫 번째 연구원은 아마 스스로 현실주의자라 여겼을 겁니다. 대부분 사람이 그러듯 한 가지만 집착해 더 큰 그림을 보지 못했습니다. 사실 첫 번째 연구원은 현실주의자가 아닙니다. 자신만의 기준으로 눈앞에 보이는 문제점을 인식하면서 시야가 가로막혀 진짜 기회를 보지 못했습니다. 반면, 두 번째 연구원은 뻔한 것 이상을 보고 가능성을 발견했습니다. 낙관적인 사람들은 기회를 발견합니다. 그리고 부정적인 사람은 스스로 만든 안개에 갇혀 눈앞에 놓인 가능성을 볼 수 없습니다."

난 첫 번째 연구원과 비슷하다는 걸 깨달았다.

"그 이야기에 공감이 가네요. 저도 아마 귀국하는 첫 비행기를 탔을지 모릅니다."

"비행기를 탔다면 통제할 수 있는 일을 제어해보려는 시도조차 안 했을 겁니다. 그게 바로 내가 하고 싶은 말입니다! 상황을 보는 방법을 통제할 수 있었다면, 두 번째 연구원처럼 행동했었을지도 모르죠. 당신이 가진 관점은 신발을 항상 신는 사람의 기준에서 비롯한 것입니다. 다른 사람의 인생이 훨씬 편해질 수 있도록 당신의 지식과 경험을 나눠주려고 생각하지 않았을지도 모르죠. 당신은 주변 사람에게 새로운 관점을 보여주면서 낙천적으로 기회를 찾는 사람이 될 수도 있었죠."

"알겠습니다."

과거에 상황을 보는 방식으로 인해 내가 잡을 수도 있었던 기회를 놓쳤을 수도 있단 것이 분명했다.

빈스는 자신의 경험에 비춰 말했다.

"명심해야 할 또 다른 중요한 교훈은 주는 만큼 얻는다는 겁니다."

그리고 이해를 도울 또 다른 일화를 들려주었다.

한 사람이 새로운 도시로 이사를 했다. 그는 도시에

오래 산 주민을 만나 물었다.

"이 도시로 새로 이사 온 사람입니다. 여기 주민은 어떤가요?"

주민이 되물었다.

"당신이 살았던 동네 사람들은 어떤 사람들이었나요?"

"글쎄요. 꽤 비관적이었고 잔이 반이나 찼다가 아니라, 반이나 비었다는 식으로 항상 불만투성이였죠."

그의 말을 듣고 오래 산 주민은 말했다.

"흠. 여기 사는 사람이랑 비슷하군요."

몇 주 후, 다른 사람이 같은 마을로 이사 왔고, 똑같은 주민을 만나 물었다.

"이 도시로 새로 이사 온 사람입니다. 여기 주민은 어떤가요?"

주민은 같은 질문을 했다.

"당신이 살았던 동네 사람들은 어떤 사람들이었나요?"

"글쎄요. 매우 멋진 사람들이었죠. 이웃과 함께 일하

고 서로 도우며 힘들 땐 항상 의지가 되는 사람들이 있었습니다. 이쪽으로 이사 와서 예전 이웃들이 그리울 거예요."

그의 말을 듣고 오래 산 주민은 말했다.

"흠. 이 동네를 좋아하시겠군요. 여기 사람들도 비슷합니다."

"오래 산 주민이 전하는 교훈은 무엇일까요? 바로 준 만큼 얻는다는 겁니다. 긍정적이고 낙관적이며 열정적으로 인생을 사는 사람들과 함께 있고 싶다면 당신도 그래야 합니다. 주변 사람들이 우울하고 비관적이라고 생각이 들면 현재 자신의 모습이 그럴지도 모르니, 먼저 자신을 돌아보세요."

난 솔직하게 반박하며 말을 끊었다.

"전 스스로 낙관적이라고 생각하고 싶지만, 힘든 현실을 마주해야 하면 열정을 잃어버릴 때가 있습니다."

빈스는 수긍하며 말했다.

"흠, 당신만 그런 건 아닙니다. 대부분 사람은 부정적인 일에 부정적인 방식으로 대처합니다. 자연스러운 반응이자 그러면 더 쉬우니까요. 부정적인 일을 겪었을 때 긍정적으로 반응하려면 노력이 필요합니다. 비관론자들을 포함해 부정적인 태도가 편한 사람들은 자신이 '현실적'이라 그런 거라며 합리화합니다. 그러나 대부분은 현실적으로 긍정적인 반응조차 받아들이길 거부하겠다는 의미입니다. 예전에 있었던 일 때문에 저절로 부정적인 태도가 생겼다고 생각하십니까?"

"어쩌면요."

빈스는 알겠다는 듯 고개를 끄덕였다.

"안타깝게도 과거에 일어났던 일이나 정해진 대로 행동하는 걸 바꿀 순 없습니다. 하지만 당신의 태도는 정신적으로 통제할 수 있습니다. 부정적인 태도를 보인다면 그건 부정적인 태도를 받아들이겠다고 결심해서입니다. 당신이 정할 수 있는 선택입니다. 당신에게 달렸죠."

빈스가 한 말이 이해가 갔다.

"낙관주의를 키우는 방법은 어떻게 배울 수 있나요?"

빈스가 격려하듯 대답했다.

"낙관주의를 자연스럽게 얻을 수 없을지도 모릅니다. 그러나 괜찮습니다. 한 번 해보면서 기분이 내키지 않더라도 열정적으로 행동해봅시다. 일단 열정을 붙잡으면 열정이 당신에게 생길 가능성이 큽니다. 추천해 줄 방법이 몇 가지 있습니다. 우선 첫 번째는, 첫 수업에서 잠깐 다뤘듯이 자신에 관한 생각이 인생을 낙천적으로 살아가는 방향에 큰 영향을 미친다는 것입니다. 자신에게 말하는 방법에서부터 시작합니다. 당신이 평범하다면 자신에게 하는 말보다 다른 사람에게 하는 말에 훨씬 신경을 쓰고 배려할 겁니다. 일반적으로 자신에게 하는 말은 대부분 부정적입니다. 예를 들면 '난 할 수 없어.' '못 할 거야.' '할 수 있었으면.' '난 모자란 사람이야.' 같은 말을 하죠. 가장 친한 친구가 당신에게 그렇게 기를 꺾는 말은 절대 하지 않겠죠. 마찬가지로 당신도 자신에게 말하는 것처럼 다른 사람에게 상처를 입히는 단어는 절대 쓰지 않을 겁니다. 스트레스가 머리끝까지 차올라도 가장 친한 친구에게 용기를 북돋을 때 해주는 말과 태도로 자신에게 말하세요. 낙담했을 때 가장 친한 친구가 당신에게 어떤 말을 해줄지 생각해 보고 자신에게 같은 말을 해주세요. 자신에 관한 생각과 성공한 사람이 되기 위한 역량에 도움이 될 겁니다. 두 번째는 짬을 내 주변을 둘러보는 것도 좋습니다. 고난이 눈앞에 닥쳤어도 세상엔 긍정적으로 생각할 수 있는 일이 많습니다. 감사하게 여기는 다섯 가지를 목록으로 적어 하루 두 번씩 잠시 생각하는 시간을 가지면 당신의 태도도 부쩍 좋아질 겁니다. 딱 다섯 가지입니다. 짜증 나는 일에 신경 쓰는 대신 감사하는 마음을 잠시 가져보면 관점에 변화가 생기도록 도와줄 겁니다."

나는 궁금하여 물었다.

"왜 하루에 두 번인가요?"

"사무실에 도착하기 전에 다섯 가지 감사하는 일을 생각하면 하루의 출발을 더 자연스럽게 잘할 수 있습니다. 무슨 일이 생길지 몰라도 새로운 관점으로 시작하겠죠. 그리고 퇴근 후 집에 도착해 현관에 들어서기 전에도 마찬가지로 감사하는 마음을 떠올립니다. 힘든 하루를 보낸 후 지쳐 있다가도 인생에서 긍정적인 일을 생각하며 힘을 내면 회사에서 생긴 문제 때문에 가족과 함께 보내는 시간을 망가뜨리지 않을 수 있습니다. 가족에게 가장 소중한 선물은 바로 당신입니다. 회사 문제를 집으로 끌어들이지 말고 가족에게 최선을 다하십시오."

나는 진지하게 귀를 기울였다. 빈스의 관점은 내 상황을 다른 시각에서 볼 수 있도록 도와줬다. 더 있고 싶었지만 오늘 출근해야 한단 사실을 깨달았다!

"훌륭하고 실용적인 조언이었습니다. 덕분에 제 안개를 없애 줄 수 있는 사람은 아무도 없단 걸 깨달았습니다. 무슨 일이 일어나든 간에 어떤 일이든 할 수 있고 다음 결정은 제게 달렸다는 것을 배웠습니다. 또한, 자신에게 말할 때 별로 친절하지 않다는 걸 알고 있습니다. 그 부분도 더 신경 써서 고치겠습니다. 시간 내주시고 제가 깨달을 수 있도록 도와주셔서 감사합니다."

빈스는 미소 지으며 말했다.

"훌륭합니다. 깜짝 선물이 있습니다. 다음 두 차례 수업은 알렉스 트레비노와 함께 진행하도록 일정을 잡아 두었습니다. 항상 우리가 늘 수업을 하는 시간에 알렉스의 사무실로 찾아가면 됩니다. 다른 훌륭하고 영향력 있는 사람에게 성공과 행복을 들어보면 도움이 될 겁니다. 날 믿고 돌아오는 두 번의 월요일도 모두 즐거운 수업이 될 겁니다."

그러고 나서 빈스는 내게 알렉스의 주소와 전화번호가 적힌 명함을 건넸다.

"알렉스가 선생님의 역할을 대신할 수 있을지 모르겠지만, 훌륭하다는 이야기를 많이 들었습니다. 다음 수업이 기대됩니다."

빈스와 헤어진 후 떠오르는 생각을 얼른 노트에 적었다.

안개를 걷어라

어떤 상황에서도 방법을 찾아볼 수 있고,
그중엔 언제나 내가 할 수 있는 일이 있다.

◆◆◆

근심과 부정적인 감정을 만드는 강력한
안개 장치를 끄고 안개를 걷어 내는 일은 내 몫이다.

◆◆◆

통제할 수 없는 걸 통제하려고 애쓰는 것은 시간 낭비다.

◆◆◆

최소한 하루에 두 번은 감사한 일을 생각해 보는 시간을 갖자.

◆◆◆

열정적인 사람과 어울리고 싶다면
나도 열정적인 태도를 유지해야만 한다.

◆◆◆

스스로 최고의 모습을 찾고
자신에게 부정적으로 말하는 건 그만둔다.

◆◆◆

준 만큼 얻는다.

◆◆◆

회사에서 생긴 문제를 가정으로 끌어들이지 말고
가족에게 최선을 다한다.

진실을 경배하자

진실이 달라지길 바란 나머지
현실을 외면하는 사람도 있다

SALUTE THE TRUTH

빈스와 수업을 시작한 이후 열정이 타올랐다. 빈스뿐만 아니라 알렉스도 기꺼이 자신의 경험담과 열정, 삶의 지혜를 나와 나누려 한다는 사실이 놀라우면서도 기분이 좋았다.

　　알렉스 트레비노의 뛰어난 명성은 익히 알고 있었다. 그는 상품을 생산해 전 세계로 수출하는 대규모 제조기업을 창업한 최고 경영자로서, 성공한 사람으로 유명했지만 한편으론 성공으로 향한 길이 순탄치는 않았다고 들었다. 무일푼으로 시작해서 오늘날 대단한 성공신화를 이룬 그를 오래전부터 만나고 싶었으나 전혀 기회가 없었는데, 빈스가 자리를 마련해 줘서 드디어 그를 만날 기회가 왔다.

약속 시간보다 몇 분 일찍 도착해, 알렉스의 사무실 로비를 둘러보던 중 잡지 표지를 넣은 액자로 장식한 벽면을 발견했다. 각 잡지 표지는 알렉스의 사진이 눈에 띄게 실려 있었다. "올해의 흑자전환, 잿더미에서 일어나 올해의 기업가로"가 머리기사였다. 감탄하며 조용히 고개를 끄덕였다. 알렉스의 성공신화는 듣던 것보다 훨씬 더 내게 의욕을 불러일으켰고, 자세한 뒷이야기가 궁금하지 않을 수 없었다.

정확한 약속 시간에 알렉스가 모습을 드러냈다. 사무실에 들어서자 알렉스가 발산하는 에너지로 환해졌다. 저절로 따라 웃게 되는 미소, 카리스마, 흠잡을 데 없는 옷차림으로 눈부신 첫인상을 남겼다. 알렉스는 회의실에서 나와 내 가족의 안부, 빈스에게 지금까지 배운 내용을 물어봤다. 시간 내줘서 고맙다고 인사하자 알렉스는 내 인사를 정중히 받아줬다.

"빈스가 우리 만남을 주선해 줘서 기쁘네요. 다른 사람에게 경험담 말하는 걸 좋아하거든요."

알렉스는 잠시 멈추었다가 말을 이었다.

"아는지 모르겠지만, 내가 쉽게 성공을 이룬 것은 아닙니다. 개인적으로나 직업적으로나 치명적으로 인생의 쓴 맛을 봤습니다. 고독하고 두려운 나날이었어요."

"네. 저도 조금이나마 들은 적 있습니다. 하지만 당신의 성공신화는 전설입니다. 회의실에 장식된 잡지 표지처럼 인상적인 건 처음 봅니다. 대단하시네요. 많은 사람들에게 긍정적인 영향을 주신 겁니다."

"좋게 말해줘서 고마워요. 사람들은 실패에서 재기한 이야기를 읽거나 듣는 걸 좋아하는 것 같군요. 유감스럽게도 보통 한 번에 그치는 것이 아니라 여러 차례 실패를 겪지 않고선 재기 신화는 나올 수 없습니다. 성공한 사람은 모두 쓰라린 실패를 맛본 후 극복해야 했고, 결국 그로 인해 성공으로 가는 자신만의 길을 발견할 수 있었다고 믿습니다. 좌절이 성공을 향한 경로로 바뀌면서 힘들게 교훈을 얻었습니다. 얼마 전에 인생에서 중대한 두 가지 일이 거의 동시에 일어났습니다. 첫 번째는 남편 루크가 우리 결혼생활이 위태롭다고 말해서 충격을 받았죠. 전혀 눈치채지 못했어요. 생각지도 못한 일을 당했죠. 그러고 나서 얼마 지나지 않아 다시 예고도 없이 하룻밤 사이에 중요한 거래처 세 군데를 잃었습니다. 갑자기 회사가 부도 위기에 처했죠. 매출이 조금 줄었어도 일시적인 현상일 거라고 확신했습니다. 근데 아니었죠. 가정과 직장에서 그럭저럭 잘하며 지낸 기간 동안 정신을 놓고 살았던 것 같습니다. 현실에 안주했죠. 편한 것에 안주하면 위험하다고 친구가 말해줬습니다. 그제야 비로소 가정에서나 직장에서나 편한 생활에 만족하고 살다가 위험이 닥친 걸 깨닫고 정신이 번쩍 들었죠. 두 가지 사건이 있기 전까지 실제로 주변에 일어나고 있는 일에 주의를 기울이지 않았습니다. 보고 싶은 대로 보면서 내가 처한 상황 때문에 모두를 원망했습니다. 사실 부부 사이는 몇 년째 불안했어요. 회사에서도 제품은 시대에 뒤처졌고 생산 체계는 구식이었으며 우리 제품보다 더 좋은 제품을 생산하기 위해 훨씬 효율적인 기술을 도입한 새로운 경쟁사가 생겨났습니다. 돌이켜보면 몇 가지 중대한 실수는 분명히 있었습니다. 남편과 사는 것을 당연히 여겼습니다. 직장에서도 맞지도 않는 사람을 채용하고 의사 결정을 서두르며 직원들의 의견에도 귀 기울이지 않았고 고객

설문 조사도 무시했으며 잘못된 재무 결정을 내리는 것 말고도 다른 실수가 잦았어요. 난 실패하지 않을 거라고 확신했거든요. 그래서 가정에서나 직장에서나 생긴 실패는 충격이 컸습니다. 눈 깜짝할 새에 인생이 영원히 바뀌어 버렸죠. 그 정도로 모든 일은 순식간에 일어났습니다. 전에 이뤘던 성공은 형편없는 스승이었습니다. 난 천하무적이라고 생각했거든요. 모두가 그러듯 나 역시 실패로 인해 상처받았단 사실을 깨달았죠. 그 당시 인생의 밑바닥을 경험한 최악의 상태였습니다. 스스로 깊이 반성하면서 내가 처한 상황의 가혹한 진실을 외면했다는 걸 알았습니다. 그리고 그때 비소로 인생의 경로를 재설정하는 중요한 원칙에 대해 이해할 수 있었죠. 행복해지거나 성공하려면 진실을 경배하는 법을 배워야 한다는 단순한 원칙이었습니다."

나는 알렉스가 부끄러워하는 걸 눈치챘다.

"솔직하게 말씀해 주셔서 감사합니다. 그렇게 힘드신지 몰랐어요. '진실을 경배하라.'라고 하셨는데 무슨 뜻인가요?"

"그런 실수와 실패를 통해 가장 중요한 교훈을 몇 가지 배웠습니다. 그리고 실패는 성공을 빨리 이룰 수 있는 계기가 됐죠. 실패를 경험하고 나서 내가 진실을 외면한 채 남을 원망하거나 지나간 실수를 탓하는 행동을 계속하는 한 목적을 이룰 수 없을 거라고 깨달았습니다. 행동으로 옮긴 사람도, 그런 생각을 했던 사람도, 실패에 이르는 선택을 한 것도 전부 나였습니다. 바로 나요! 선택의 결과는 거짓말을 하지 않습니다. 월트 디즈니가 이런 말을 했습니다. '상황이 힘들면 깨닫지 못할 수도 있지만 큰 실패는 어쩌면 세상이 당신에게 주는 가장 값진 선물일 수도 있다.' 이제 큰 실패를 직접 겪으며 교훈을 얻고 보니 디즈니가 한 말이 이해가 갑니다. 마침내 다시 일어서 성공하기까지 실패를 통해 충분히 배웠습니다. 실패를 경험한 덕분에 모두가 한 번 이상은 실패하니 실패하는 건 괜찮지만 같은 실패를 반복해선 안 된다는 걸 깨달았습니다."

알렉스는 아까 내가 한 질문을 기억한 듯 말했다.

"아까 내게 '진실을 경배하라.'의 의미를 물어봤죠. 존중과 인정의 표시로 '경배'라는 단어를 사용했습니다. 예전의 나라면 진실을 받아들이라거나 깨달으라고 말했었을 겁니다. 물론 그러고 싶지 않았습니다. 그러나 내 기분과 상관없이 진실을 존중하고 받아들여 앞으로 나아가야만 했습니다. 실패했던 가장 큰 이유는 진실을 외면했기 때문입니다. 아마 실패를 경험한 다른 사람도 마찬가지겠죠. 진실을 외면했을 뿐만 아니라 진실이 아닌 것을 진실이라고 계속 믿었습니다."

알렉스는 잠시 말을 멈추고 기억을 회상했다.

"'진실은 무엇인가?' 이 부분이 가장 이해하기 어려웠습니다. 정말 말도 안 되는 소리죠. 그렇지 않습니까? 진실을 파악하는 게 왜 그렇게 어렵다고 생각하세요?"

난 잠시 생각에 잠긴 뒤 말했다.

"글쎄요, 아마 진실을 깨닫는 데 필요한 정보가 부족할 수도 있죠. 아니면 진실이 달라졌거나 진실을 파악하기까지 오랜 시간이 걸리는데, 우리가 너무 성급하게 결론을 내린 걸 수도 있습니다."

알렉스는 상황의 특수성에 따라 내 대답에 가치가 있다는 걸 인정하며 말했다.

"하지만 덧붙이자면 진실이 달라지길 바란 나머지 현

실을 외면하는 사람도 있습니다. 그래서 내가 그랬던 것처럼 진실을 짓밟거나 무시하죠. 내 진실을 믿을 수가 없었어요. 내 희망과 꿈에 어울리는 걸 믿고 심지어 지어내는 습관이 있었습니다. 때로 진실은 개인적인 이해관계나 행동 지침, 자존심이나 나를 눈멀게 하는 감정으로 모습을 가리죠. 그래서 진실을 깨닫지 못한 채 자기를 속이고 간절하게 믿고 싶은 것을 믿는 거죠. 정말입니다. 진실이 아무리 고통스럽더라도 자신에게 거짓말하는 건 절대 좋은 생각이 아닙니다. 진실을 존중해야 합니다."

모든 말에 집중했다. 알렉스는 마치 내 이야기를 하는 것 같았다. 실수를 인정하는 게 내키지는 않았지만 나도 경험담을 털어놓기로 했다.

"방금 말씀하신 모든 내용에 공감합니다. 저 역시 제가 처한 현실을 외면했습니다. 제자리걸음을 하고 있던 사실을 저를 비롯해 다른 사람이 인정하는 걸 원치 않았기에 경배는 당연히 찾아볼 수 없었습니다. 진짜 진실을 받아들이는 것은 자존심이 허락하지 않았습니다. 부끄러웠죠. 그 지경까지 간 자신이 싫었습니다."

알렉스가 안심시켜주듯 말했다.

"당신만 그런 게 아닙니다. 난 심지어 실패한 후에도 내 선택이 모두에게 최선이었다고 전적으로 확신했습니다. 내 의견이 옳다고 믿는 확증 편향의 대가였죠. 내가 옳았다고 확인할 수 있는 증거를 부지런히 찾았습니다. 나랑 의견이 같은 사람의 말을 듣는 건 쉬웠습니다. 하지만 그 와중에도 상황을 다양한 각도에서 보며 폭넓은 정보를 바탕으로 의사 결정에 도움을 주는 정보는 피했습니다. 배경이나 가치관이 비슷한 사람들이 하는 말을 들으며 의사 결정을 검토했습니다. 게다가 열정적으로 내 의견을 먼저 표현한 후 다른 사람이 어떻게 생각하는지 물었죠. 사실 내 생각 하나만 갖고 의사 결정을 내리고 있었습니다. 하지만 나랑 의견이 다른 사람을 찾아 배웠어야 했습니다. 돌아보면 실수가 잦았던 이유는 너무 분명했죠. 진실을 받아들이지 않았던 겁니다. 그 사실을 깨닫고 난 후 객관적인 진실이야말로 인생에 필요한 모든 의사 결정에 있어서 촉매제로 써야 한다고 판단했습니다. 내가 보고 싶은 대로 지어내는 걸 그만둬야 했죠. 현실을 감추고 무시하려는 시도는 매우 편합니다. 하지만 내게는 하나도 도움이 되지 않았습니다."

고개를 끄덕이고 있었지만 속으론 움찔했다. 알렉스가 묘사하는 감정은 소름 끼치도록 내 감정과 비슷했다.

"믿고 싶지 않은 현실을 마주했을 때, 우리 모두 그런다고 생각합니다."

알렉스는 동의하듯 고개를 끄덕이며 말했다.

"진실을 찾는 방법을 배워야 했습니다. 믿고 싶은 것만 믿는 본능적인 성향을 이겨내고 더 빨리 객관적인 진실을 받아들이는 것은 내게 달렸죠. 사실을 검토하며 내 생각이나 감정, 자존심은 접어두고 생각하는 훈련이 필요했습니다. 진실을 이해하지 못했을 때 엉뚱한 부분을 지적했습니다. 일단 현실을 제대로 이해하고 나면 틀린 걸 바로잡아 개선할 수 있습니다. 그러면 성공을 향한 길은 조금 더 확실해지고 눈앞에 닥친 고난에 대한 벅찬 부담이 줄면서 목표를 수월하게 이룰 수 있었습니다. 그 이후 성취하는 과정에서 예상을 벗어나는 일은 거의 없었습니다. 결국 똑같은 걸 계속 배울 필요가 없단 사실을 깨달았습니다. 그리고 다시는 했던 실수를 절대 되풀이하지 않겠다고 다짐했죠. 부부 문제도 남편과 정면으로 부딪쳐 본 결과 몇 가지 중요한 변화가 생겼습니다. 내게 용감하게 진실을 말해준 남편, 함께 다시 잘해보고 싶은 우리의 바람, 상담사의 훌륭한 조언 덕분에 우리 부부는 지금 그 어느 때보다 잘 지냅니다. 직장에서도 달라져야 했죠. 더 분별력 있게 직원을 채용하고 중요한 의사 결정을 내리기 전에 더 많은 자료를 요청했으며 직원과 고객이 내는 소리를 주의 깊게 듣기 시작했습니다. 그러자 판단이 한결 좋아졌습니다. 그리고 이후에 실수가 생겨도 망설임 없이 밀어붙였습니다."

알렉스는 잠시 침묵했고, 이내 말을 이어갔다.

"일부 실패는 내게 깊은 상처를 입혔단 걸 인정해야 했습니다. 상처가 너무 깊어서 사실 어떤 시도도 하기가 두려웠죠. 실패에 대한 두려움이 나를 강하게 짓눌러서 실패하고 좌절할 것 같으면 될 수 있는 한 피하려고 노력했습니다. 그러나 결국 인생에서 정말 좋은 일은 대부분 도전해야 얻을 수 있고 실패에 대한 두려움이 내 도전을 가로막아선 안 된단 걸 깨달았습니다. 실패가 싫었습니다. 그러나 난 실패를 통해 강하게 거듭났죠. 실패에서 얻은 상처는 결국 아물면서 영광의 상처를 남겼습니다. 이미 잘못을 저지른 일에 연연하지 않고 다음 해야 할 일에 집중하는 법을 배워야 했습니다. 돌이켜 보면 실패 덕분에 겸손, 끈기, 용기를 배웠습니다. 실패는 날 행복과 성공으로 이끌어준 중요한 교훈입니다. 또한, 같은 상황을 반복하지 않으려면 수단과 방법을 가리지 않아야 한다는 걸 깨달았습니다."

"정말 대단한 교훈을 얻으셨군요. 실패로 생긴 상처가 아물고 영광의 상처가 남았다니. 꼭 기억해두겠습니다."

"네. 큰 교훈을 얻었죠. 그리고 가장 절망적으로 실패한 이후 제일 크게 성공을 이룰 수 있어서 놀랐습니다. 좌절감을 느껴도 난 계속 밀고 나가야 했죠. 극복할 수 없는 역경에 빠졌다는 확신이 들 때 결정적인 순간이 찾아옵니다. 그러고 나서 엄청난 좌절감을 겪은 후 거머쥔 위대한 승리에 대해 일화를 찾아보기 시작했습니다. 얼마나 흔히 일어나는 일인지 알면 놀랄 겁니다. 당신의 여정도 가는 길이 순탄하진 않을 겁니다. 실수를 인정하고 교훈을 얻어 꿈을 추구하는 계획이 무너지지 않도록 조심하세요. 절대 실수를 되풀이하지 마세요."

"당신의 경험은 매우 놀랍습니다. 당신 역시 같은 실수를 하거나 다른 사람과 마찬가지로 실수가 잦았을 거라고 짐작이 됩니다. 그리고 실수를 통해 배우고 같은 실수는 반복하지 않도록 고쳐나가야 한다고 하셨죠."

알렉스는 강조하며 말했다.

"정확합니다. 성공은 도전했다가 실수를 저질러도 끊임없이 노력해서 실패를 극복해야 비로소 나타납니다. 은퇴를 앞둔 내 친구들에게 후회되는 일을 물어본다면 친구들은 자신이 해본 일은 거의 후회하지 않을 겁니다. 다만 대부분 실패할까 봐 두려워서 하지 않았던 일을 후회한다고 말하겠죠."

알렉스는 수업을 계속해서 진행하기 전에 잠시 침묵했다.

"내가 저지른 또 다른 실수는 사람들이 하는 말이 채 다 끝나기도 전에 진실을 안다고 믿은 것입니다. 남의 말을 제대로 듣지 않았죠. 누가 말을 하면 끝나기도 전에 반응할 겁니다. '아마 하려는 말이 이런 의미일 거야.' '자기 말을 내가 못 알아들었다고 생각하는군.' '안 된다고 하려나 보다.' 아니면 '날 싫어하는군.' 하고 무의식적으로 다른 사람이 생각하는 걸 정확하게 읽을 수 있는 독심술이라도 한다고 생각한 것 같습니다."

알렉스는 황당하다는 듯 웃고는 말을 이었다.

"시간이 지나고 난 사람들의 마음을 읽는 재주가 없고 묻기 전에 다른 사람이 무슨 생각을 하는지 알지 못한다는 현실을 인정했습니다. 다른 사람이 무슨 생각을 하는지 안다고 여기는 건 잘못된 추측입니다. 진실을 경배하려면 관심을 기울여 사람들이 하는 말을 주의 깊게 듣고 질문하며 적극적으로 대답을 들은 뒤 객관적으로 진실을 빨리 인지해야 합니다."

나는 말을 꺼내기 전에 잠시 망설였다.

"모든 사람이 말을 더 잘 들어줄 수 있다고 생각합니다. 전 남의 말을 잘 들어주는 사람입니다. 그리고 당신이 말할 때 제 생각을 다 읽은 줄 알았습니다."

"단지 당신이나 특정한 사람을 염두에 두고 한 말은 아닙니다. 나도 포함되죠. 집에서 가장 큰 방은 언제나 활용할 여지가 있다는 사실을 스스로 상기시켜야 합니다. 더 잘할 수 있는 일이 있습니다. 더 많이 할 수 있고 더 열심히 시도할 수 있죠. 그리고 남의 말을 더 잘 들어주는 사람이 되는 것이 제가 최우선으로 삼는 과제입니다. 어처구니없게도 비판을 수용하는 태도를 개선하는 방법은 친구가 해준 조언이 가장 효과적이었습니다."

알렉스는 계속 말을 이어갔다.

"여전히 비판은 듣기 싫지만 더 나은 의사 결정을 내리기 위해 필요한 부분에 주의를 기울일 때 도움이 됩니다."

나는 고개를 끄덕이며 동의를 표시했고, 인정했다.

"평생 '건설적인 비판은 환영한다.'라는 소리를 들어왔지만 여전히 믿기 어렵습니다. 전 비판받고 싶지 않아요."

알렉스는 고개를 끄덕이며 말했다.

"그렇죠. 비판은 실수를 바로잡거나 약점을 보완해 주거나 더 나은 방향을 제시해 주지만 말에 가시가 있죠. 물론 비판의 가시가 따끔한 이유는 내 판단이 최고라거나 유일하게 효과적이라고 생각하는 우리 성향 때문입니다. 그렇게 믿으며 어떤 제안도 받아들이지 않는다면, 자기 고집만 부리고 있는 거죠."

"그럼 비판에 어떻게 대처하시나요? 친구가 어떤 방법을 알려줬죠? 저도 조언이 필요합니다. 누가 비난하면 전 씩씩거리면서 방어적으로 행동하거나 마음의 문을 닫아 버립니다."

"잭, 무슨 말인지 알아요. 나도 예전에 그랬고 아직도 가끔은 비판을 들을 때 방어적으로 굴어요. 하지만 비판을 학습으로 삼은 덕분에 말 그대로 난 달라졌어요. 내게 깨달음을 줬던 친구의 제안은 이런 내용이에요."

첫째, 비판을 중요한 양식의 피드백이라고 여겨야 합니다.

인생 전반에 걸쳐 더 나아지려면 피드백이 필요합니다. 피드백이 건설적이든 파괴적이든 반응하기 전에 생각할 시간을 가지세요. 감정은 생각보다 반응속도가 빠르니 대꾸하기 전에 생각할 시간을 충분하게 갖는 게 중요합니다.

둘째, 자신에게 물어보는 것입니다.

'누가 비판을 했는가?' '자격이 있는 사람인가?' '상처를 주려는 의도인가, 도와주려는 의도인가?' '상대방의 비판이 객관적으로 사실인가?' 자격이 충분한 사람이 당신을 돕겠다는 의도로 최소한 일말의 진실이라도 포함한 비판을 했다면, 주의를 기울여 듣습니다. 상대방은 당신에게 선물을 주려는 것이니 꼭 받아들이세요. 하지만 다른 꿍꿍이를 가진 사람이나 자격이 없는 사람이 건설적으로 비판을 한다면 고맙다고 한 후 한 귀로 듣고 한 귀로 흘리세요.

셋째, 당신이 이해한 그대로 비판 내용을 반복해 말하며 확인해야 합니다.

때로 내가 들었다고 생각한 내용에 대답했지만, 사실과 달라서 곤란한 적이 있습니다. 비판 내용을 반복하면서 제대로 이해한 것이 맞는지 확인하고 제대로 대답해야 합니다.

넷째, 무슨 말을 들어도 마음에 담아두지 마세요.

다른 사람이 당신의 자존감을 흔들지 못하게 하세요. 비판은 당신을 공격하는 것이 아니라 당신의 태도나 행동에 대한 의견을 말하는 것입니다.

알렉스가 한 말 중 마음에 걸리는 부분이 있어 확실히

짚고 넘어가야 했다.

"비판을 선물처럼 받아들여야 한다고 했습니다. 그런 선물은 받아들이고 싶지 않은데요."

알렉스도 같은 기분을 느꼈던 듯했다.

"맞습니다. 대부분 사람은 비판을 선물처럼 여기지 않습니다. 하지만 당신이 좋아하지 않는 사람이 한 비판이라도 당신을 성장시켜줍니다. 아무리 성공하더라도 필요한 변화를 일으킬 수 있도록 흩어진 주의를 집중시켜주는 채찍질 역할을 하므로 건설적인 비판은 필요합니다. 비판을 건전하게 받아들이는 방법은 주의를 기울이는 겁니다. 비판을 받는 이유와 비판하는 사람이 당신이 다른 관점을 고려해보길 원하는 이유를 이해하려는 의도를 갖고 들어보십시오. 때론 너무 심각하게 받아들이지 않는 것도 좋습니다. 언제나 모든 일에 완벽해야 한다고 생각하지 않겠죠? 물론 그럴 수 없습니다. 비판을 받을 땐 다소 가벼운 태도를 보이세요. 비판에 대해 이야기하면서 한 가지 간단히 언급할 내용이 있습니다. 당신이 하는 거의 모든 행동을 끊임없이 비판하는 사람이 있을 경우입니다. 비판할 때 마치 당연하다는 듯 인정사정 볼 것 없이 퍼부을 수 있습니다."

알렉스는 갑자기 다른 이야기로 전환했다.

"끈질긴 비판을 말하다 보니 한 이야기가 생각나네요."

옛날에 한 농부가 '개구리 농장'을 팔기 위해 농장에 건강한 황소개구리로 가득 찬 연못이 있다고 광고했다. 농부는 구매 희망자가 나타났을 때 개구리 소리를 잘 들을 수 있도록 저녁에 다시 방문해달라고 요청했다. 구매 희망자는 저녁에 다시 방문했고, 연못에서 흘러나오는 개구리가 연주하는 매혹적인 선율의 교향곡에 좋은 인상을 받았다.

몇 주 후 구매자는 농장의 새 주인이 되었고, 연못에 넘치는 개구리를 잡아서 팔려고 연못에서 물을 빼기로 했다. 하지만 물이 빠졌을 때 놀랍게도 늙고 입이 큰 황소개구리 한 마리가 모든 소음을 내는 걸 발견했다.

"이 이야기는 끊임없이 당신을 비난하는 사람들을 상

징하는 것일 수 있습니다. 한 마리든 여러 마리든 늙은 황소개구리가 내는 치명적인 소음 때문에 해야 할 일을 포기해선 안 됩니다."

나는 맞장구치며 말했다.

"완전히 와닿는 이야기네요. 저는 늙은 황소개구리가 내는 소음 때문에 고민하다 지치는 성격입니다. 어쩌면 이제 그 개구리를 잡고 앞으로 나아가야 할 시간인 것 같군요. 하지만 저 역시 자신에게 가차 없이 비판합니다. 집요하게 자신을 비판하는 연못에 사는 입 큰 황소개구리가 대부분은 바로 접니다."

알렉스는 황소개구리 이야기에 감정 이입하는 날 보면서 흐뭇해했다. 그리고 진지한 말투로 물었다.

"우리 모두 자신에게 비판적이지 않나요? 스스로 용서하는 법을 배우기란 역시 쉽지 않습니다. 심각하게 실패를 겪고 나면 마음에 담아 두게 됩니다. 실수를 저지른 자신을 용서하는 방법을 배우는 것이 가장 어려웠지만 가장 중요했습니다. 내면의 평화를 찾아야 했죠. 쉽다고 생각할지도 모르지만 그렇지 않습니다. 사실 이미 저지른 실수로 자신을 매정하게 대했기 때문에 매우 힘들었습니다. 난 과거에 살고 있었습니다. 살기 좋은 곳은 아니었죠. 자신과 화해할 때까지 결코 인생을 제대로 즐길 수 없었고 성공하는 사람이 될 수 없었습니다. 너그러이 봐주지 않고 자신을 괴롭히는 건 역효과란 사실을 깨닫기까지 시간이 걸렸습니다. 내가 괜찮다고 스스로 확신해야 했죠. 나도 사람이었고 경로를 이탈했던 것입니다. 그저 실수했을 뿐이고 살면서 일어난 일이지, 인생의 전부가 아니었습니다. 그렇게 스스로 계속 살아갈 자유를 허락했죠. 마찬가지로 용서를 하는 방법뿐만 아니라 다른 사람에게 용서를 구하는 방법을 배워야 했습니다. 내가 가장 필요할 때 몇몇 친구는 절 배신했습니다. 돌이켜보면 친구들이 왜 그랬는지 아직도 궁금합니다. 어쨌든 분노가 쌓이자 불행해졌습니다. 극복할 자유를 얻으려면 친구들을 용서하고 나를 문 독사를 쫓는다고 내 문제가 해결되지 않는단 걸 깨달아야 했습니다. 용서를 구하는 일은 내게 달렸죠. 차라리 다른 방향으로 전환해 나와 거리를 둔 사람과 서로 각자의 길을 가는 것이 더 낫습니다."

내가 불쑥 끼어들었다.

"잠시만요. 왜 당신이 용서를 구해야 하죠? 배신한 건 친구들이 아닌가요? 당신을 절망에 빠뜨린 건 친구들인데 왜 당신을 용서해달라고 해야 하나요? 친구들을 용서하는 것만으로도 이미 힘든데 당신이 용서를 구하다니 말도 안 됩니다."

"그렇게 말해주니 고맙군요. 하지만 우리 둘 다 상황을 내 관점에서만 보고 있죠. 내가 문제를 일으킬 행동을 했었는지도 몰라요. 다른 사람이 잘못하지 않았다고 보는 것이 최선입니다. 친구들 생각이 나와 달랐을 수도 있죠. 친구들의 행동을 지지하거나 변명할 생각은 없지만, 그냥 넘겨버렸습니다. 용서를 구하는 건 겸손한 행동이고 일단 용서를 구하고 나서 난 해방감을 느꼈습니다. 우리는 결론을 냈고 그게 내가 할 수 있는 최선이었습니다. 용서하지 않는 것이 더 괴로웠습니다. 용서를 구하거나 용서받을 자격이 있는 사람이 따로 정해진 건 아닙니다. 용서는 용서하는 사람보다 오히려 내게 더 의미가 컸고, 그걸로 괜찮았습니다. 용서는 사실 자신에게 주는 선물이니까요. 다른 사람이 내 용서를 받아준다면 그건 보너스죠. 그리고 용서는 대가를 바라는 거래가 아니라 선물이어야 했습니다. 대가를 생각하는 순간 용서는 거래가 됩니다. 그리고 '혹시 당신을 불쾌하게 했다면'이나 '혹시 내가 틀렸다면'이란 말은 절대 하지 마세요. '혹시'라는 말을 빼고 있는 그대로 용서를 구하세요. 내가 사람을 어떻게 대하는지 이미 모두 알고 있어서 예전부터 오래 끌던 문제를 적극적으로 다루고 해결하는 건 제 몫이었습니다. 과거에 있던 일 때문에 미래를 망치게 둘 순 없죠."

"당신이 전에 했던 일 때문에 미래가 망가진다고요? 왠지 납득이 가네요."

난 이 문장을 노트에 휘갈겨 썼다. 알렉스는 내가 필기를 마칠 수 있도록 잠시 시간을 줬다.

"그렇습니다. 과거에 발목 잡혀 미래를 포기하지 마세요. 미래를 절대적으로 통제할 수 있는 건 당신입니다. 현재 상황을 받아들이고 안주하거나 희생자가 돼서 항복할 이유가 없습니다. 인생은 당신이 주인공입니다."

말을 마친 알렉스는 시간을 확인했다.

"다음 일정이 있어서 금방 끝내야 하지만, 하나만 더 말하겠습니다. 성공한 사람은 두 가지 공통적인 특성을 보입니다. 왜 그런 일이 생겼는지 합리화하려고 변명하지 않고 상황을 불평하지 않습니다. 성공한 사람은 더 잘하려고 주도적으로 행동합니다. 다시 일어설 수 있도록 과거에 저지른 실수를 바로잡습니다. 그게 바로 당신이 빈스와 나를 만나면서 하고 있는 일이죠. 잘 될 겁니다."

알렉스는 수업을 마무리하며 말했다.

"내가 겪은 일을 이야기해주니 재밌었습니다. 아까 로비에 있던 잡지를 보면 우리 회사가 재기에 성공한 내용이 실려 있습니다. 하지만 우리 부부가 원만하게 관계를 회복한 방법은 읽을 수 없죠. 이상한 소리처럼 들리겠지만 돌이켜 보면 힘들었던 만큼 보상이 크게 따랐던 여정으로 보입니다. 당신도 무슨 말인지 알게 될 거예요. 이 수업이 당신한테 보탬이 되면 좋겠어요. 기억하세요. '진실에 경배하라.' 진실을 왜곡하고 싶은 유혹을 느끼겠지만 진실은 달라지지 않습니다."

난 더 많은 이야기를 듣고 싶었지만, 알렉스가 시간을

내준 것만으로도 고마웠다. 나는 알렉스와 악수를 하기 위해 일어서며 말했다.

"당신은 대단한 사람입니다. 오늘 수업이 너무 짧게 느껴져 아쉽지만 경험담을 들을 수 있어서 매우 좋았습니다. 저와 같은 걸 고민하고 모든 걸 극복하셨을 줄은 꿈에도 몰랐습니다. 다음 주에 또 만나 뵙길 기대하겠습니다."

알렉스는 나를 문까지 배웅해 주며 마지막까지 조언을 아끼지 않았다.

"나도 만나서 즐거웠어요. 아마 이미 깨달았겠지만 여러 가지 다양한 진실이 어우러져 성공과 행복이 만들어집니다. 내가 깨달은 경험을 다음 주에 더 말해줄게요."

난 희망으로 부푼 가슴을 안고 알렉스의 사무실을 나섰다. 알렉스가 내게 해준 조언은 현실적이면서도 가치가 있었다. 그동안 난 보고 싶은 대로 보고 믿고 싶은 것만 믿는 데 최고였다. 이제 진실에 경배할 차례다.

진실을 경배하자

실패는 내 스승이다. 집중하자.
실패에서 얻은 아픔은 영광의 상처로 남는다.

◆◆◆

더는 무자비하게 자신을 비판하지 않을 것이다.

◆◆◆

실패는 살면서 일어난 하나의 사건일 뿐
내 인생의 전부가 아니다.

◆◆◆

난 독심술을 할 줄 모른다. 다른 사람의 이야기를 경청해야 한다.

◆◆◆

엄청난 좌절 후에 이룬 위대한 성공신화를 찾아보자.
과거에 있던 일이 미래를 망치게 두지 않을 것이다.

◆◆◆

내가 잘못한 일과 해를 끼친 상황에서
내게 의심의 여지가 있다면 용서를 구한다.

◆◆◆

아무런 대가를 바라지 않고 나와 타인을 용서한다.

◆◆◆

똑같은 걸 반복해서 배울 필요 없다. 한 번이면 충분하다.

이유를 물어라

중요성을 묻지 않고 같은 일을 반복하면
현실에 안주하게 된다

ASK WHY

알렉스가 월요일에 갑자기 출장 일정이 생겨 사무실을 비울 것 같다고 주중에 연락했다. 그래서 우린 토요일 아침에 알렉스의 집에서 만나기로 했다. 알렉스의 집으로 향하며 지난 몇 주간 경험한 모든 걸 떠올려봤다. 이렇게 대단한 두 사람을 멘토로 삼다니, 난 매우 운이 좋았다.

　　도착하니 현관에서 알렉스가 나를 반기며 인사를 건네고는 남편 루크를 소개해 줬다. 집은 티끌 하나 없이 깔끔하면서 멋들어졌다. 서재에는 사랑스러운 황금색 골든 리트리버가 불을 지핀 벽난로 앞에 엎드려있었다.

　　알렉스가 나를 사무실로 안내했다. 사무실은 우아했고, 벽에는 가족사진이 걸려 있었다. 벽을 따라 놓인 책장에는 책, 수집품, 영향력 있는 사람들과 함께 찍은 사진들로 가득 차 있었다. 책장 왼쪽에는 검은색 나무 받침에 놓인 근사한 빈티지 스타일의 이탈리아 명품 지구본이 눈에 확 띄었다. 사람을 만나기 좋은 따스하고 편한 장소였다.

잠시 후 우린 푹신하고 편한 의자에 앉았다. 알렉스는 익숙한 환경에 있어 더 편해 보였다.

수업이 시작되었고, 알렉스가 물었다.

"왜 빈스한테 연락했던 거죠?"

"빈스한테 연락했을 때 전 인생의 바닥을 경험하고 있었습니다. 개인적으로도 직장에서도 힘들어 조언이 필요해 연락했습니다. 빈스에게 배우고 싶다고 했죠. 더 성공하려면 변화가 필요했고 제게 필요한 걸 빈스가 가르쳐주길 바랐어요. 다행히 빈스가 흔쾌히 수락했고 앞서 했던 수업을 통해 개인적으로나 직장에서 여러 가지 긍정적인 변화를 만들어가고 있습니다."

내 대답을 듣고는 알렉스가 다시 질문했다.

"하지만 성공하고 싶은 이유가 뭐죠? 모두가 성공하고 행복해지길 원하지만, 최고의 모습에 도달하는 사람은 많지 않습니다. 성공하려면 대가를 치러야 하고 절대 쉽지 않다는 건 아실 겁니다."

난 방어적으로 대답했다.

"쉬웠으면 벌써 이뤘겠죠. 가족에게 더 많은 걸 누리게 해주고 싶고 지역 사회에 나눔을 하고 싶어서 전 더욱 성공하고 싶습니다. 그리고 다른 사람이 자신의 잠재력을 깨달을 수 있도록 도와주고 싶습니다. 성공을 통해 무엇을 얻으려는 것보다 내가 할 수 있는 일이 생기기 때문에 성공하고 싶죠."

알렉스는 호기심을 갖고 궁금해했다.

"의심 많은 내 성격을 이해해 줘요. 하지만 빈스와 처음 만나기 전에 미리 연습 삼아 녹음해둔 내용처럼 들려서요. 그래도 말한 그대로 믿을게요. 그렇다면 당신이 그토록 바라던 대로 성공하면 삶에 어떤 변화를 일으킬 건가요? 당신이 표현한 그대로 말하자면 '성공해서 하고 싶은 일'이 뭐죠?"

노트를 펼쳐 목표를 적어둔 코팅된 종이를 꺼냈다. 직업, 재정, 정신, 건강으로 분야를 나눠 세운 목표를 알렉스에게 보여줬다. 목표마다 이루려고 하는 결과와 관련 있는 실행계획을 포함했다. 내 계획표를 본 알렉스는 놀라워하며 말했다.

"대단하네요. 대부분 사람은 계획을 자세하게 세우지 않습니다. 설령 목표를 세우더라도 적어도 실행계획까지 적어 놓지는 않죠. 당신처럼 목표와 실행계획까지 구체적으로 기록하는 사람이 성공할 확률이 훨씬 높습니다. 원하는 바를 이루겠다는 의지가 얼마나 진지한지 알겠습니다."

난 알렉스의 칭찬을 막으며 말했다.

"빈스와 수업을 시작하기 전에 뚜렷한 목표를 적어 놓는 습관조차 없었어요. 제가 목표 및 계획을 진지하게 세웠더라면 빈스에게 연락하는 일은 없었겠죠."

"더 대단한 겁니다. 관심을 가진 이후 지금까지 대단한 변화를 만들고 있으니까요. 어떻게 목표를 세우나요?"

난 자랑스럽게 그동안 이룬 성과를 공유했다.

"몇 주 전만 해도 원하는 목표나 성취하는 과정이 명확하지 않았습니다. 스스로 성공 목표를 물었을 때 '잘 모르겠다'가 솔직한 대답이었죠. 목적 없이 하는 방황을 빈스가 언급했을 때 정신이 번쩍 들더군요. 정작 중요한 것조차 모르고 있었는데, 어떻게 이루고자 하는 방향으로 발전하는 행동을 할 수 있었겠어요?"

알렉스는 고개를 끄덕였다.

"엄청나게 중요한 깨달음입니다. 대부분 사람은 목표를 이루지 못하는 것이 아니라 제대로 세운 목표조차 없다는 것이 비극이에요. 구체적으로 목표를 세우지 않으면 기대치가 낮아져 실망할 일도 별로 없으니까요. 그래서 지금처럼 막막한 상황을 마주하게 되는 겁니다. 그래서 어떻게 했나요?"

난 빙그레 웃으며 말했다.

"빈스는 처음에 더 나은 의사 결정을 하려면 긍정적인 사람에게 조언을 구해야 한다고 가르쳐줬습니다. 생각해 보니 내 인생에 대단히 긍정적인 영향을 줬던 특별한 한 사람이 떠오르더군요. 오랫동안 알고 지내며 존경했던 사람은 대학 때 골프 코치님이었습니다. 그래서 찾아가 상담했죠."

"뜻밖이네요. 그래서 무엇을 배웠나요?"

"예전 기억이 많이 떠올랐습니다. 학교 다닐 때 전 구체적이면서 측정할 수 있는 목표를 세웠던 걸 기억했죠. 코치님은 목표를 세웠을 때 장점을 처음 가르쳐준 분이었죠. 하지만 살다 보니 코치님이 가르쳐 준 방법을 더는 사용하지 않았어요. 그래서 기억을 되살리려고 찾아갔죠. 흥미롭게도 코치님은 인생의 목표는 예전에 가르쳐준 골프 연습 계획과 똑같이 세우면 된다고 말씀하셨어요. 목표가 무엇이든 간에 의미 있는 결과를 얻고 싶다면 예상해보고, 간절하게 느끼고, 확신이 들면 행동으로 옮기는 거죠. 그리고 목적을 달성할 수 있는 네 가지 방법을 가르쳐주셨습니다."

첫째, 목표를 마음에 떠올립니다.

원치 않은 일이 일어날까 봐 두려워하지 말고 원하는 대로 이뤄질 거라고 긍정적인 상황을 상상합니다. 예를 들어 몸무게 10킬로그램을 감량하여 81킬로그램이 목표라면, 감량한 내 모습을 머릿속에 그려봅니다. 그러면 달라진 내 모습과 한결 가벼운 느낌이 들기 시작하죠. 지금보다 10킬로그램이 가벼워진 모습으로 살면 달라질 생활을 생각합니다.

둘째, 진심을 담아 목표를 적습니다.

노트에 긍정적으로 자신만의 언어와 현재 시제를 사용해 목표를 적다 보면 스스로 원하는 걸 확실하게 알 수 있습니다. 예를 들어, '6월 12일, 난 81킬로그램이다.'라고 적는 거죠.

셋째, 확신이 생기면 주위에 목표를 말합니다.

날 지지하고 믿어주는 사람들과 목표를 공유합니다. 목표를 이룰 수 있다는 결심을 스스로 믿으며 다른 사람에게 알리는 건 중요합니다. 혼자만 아는 것보다 신뢰할 수 있는 사람에게 목표를 알리면 목표 달성이 수월해집니다. 그리고 잘하면 다른 사람도 이 여정에 끌어들일 수 있죠. 사람들에게 6월 12일에 81킬로그램까지 빼겠다는 목표를 말하고 책임감을 잃지 않도록 중간중간 물어봐달라고 부탁합니다.

넷째, 목표를 실행으로 옮기는 것입니다.

다음과 같이 행동 전략을 시작합니다.

　① **현재 상황을 거짓 없이 평가합니다.**

　→ 현재 몸무게는 91킬로그램이다.

② 목표 달성을 위해 기간을 설정합니다.

→ 6월 12일에 81킬로그램이다.

③ 극복해야 할 방해 요인을 예상해봅니다.

→ 외식을 얼마나 자주 하고, 누구와 함께 식사하며, 주로 먹는 음식을 고려해 식습관을 바꿀 필요가 있다. 그리고 술을 줄이고 물을 더 자주 마시자.

④ 주위에 도와줄 사람을 물색합니다.

→ 아내나 직장 동료들에게 응원해달라고 부탁하기.

⑤ 목표를 달성할 계획을 세웁니다.

→ 섭취한 열량을 기록하며 하루 2,000칼로리 이상 섭취하지 않도록 제한을 두기 시작하자. 운동 횟수를 늘리고 하루 만보 채우기.

다섯째, 목표를 달성할 때까지 어떤 방해도 받지 않겠다고 굳게 결심합니다.

그리고 의미 있는 결과를 얻기 위해 해야만 하는 일의 우선순위를 정해 세부 목록을 작성합니다. 간단하게 예를 들어봤는데 효과가 좋습니다. 말도 안 되는 소리 같을지 몰라도 원하는 바를 정확하게 파악하는 것이 제게는 가장 중요했습니다. 다음으로 필요한 세부 계획을 짜고 목표 달성을 위한 기간을 정합니다. 그러고 나면 마음으로 목표를 상상하고 간절하게 이루고 싶어지면서 확신이 생겨 실행으로 옮길 수 있죠. 조리법하고 비슷합니다. 단계를 하나 생략하거나 재료 하나가 없으면 원하는 요리를 만들 수 없으니까요.

알렉스는 감격해하며 말했다.

"훌륭한 방법이네요. 그런데 왜 목표를 자세하게 적고 주변에 알리는 거죠? 바로 '실행'단계로 가면 안 되나요?"

"저도 똑같은 질문을 했었는데, 일단 모든 과정을 그대로 해보겠다고 약속했습니다. 그러다가 종이 위에 목표를 적으면서 생각이 정리된다는 걸 깨달았죠. 때로 머릿속으로 생생하게 '시각화'하는 것이 어렵지만, 적다 보면 분명하게 그려집니다. 그 외에도 목표를 적는 과정에서 두 가지 중요한 질문에 대한 대답이 나올 수밖에 없습니다. '목표가 가치 있고 달성할 수 있는가?' 둘 중 하나라도 '아니다.'라는 대답이라면 목표 설정을 다시 해야 합니다. 그러고 나면 실행으로 옮깁니다. 실행 과정에는 생각과 원칙이 필요합니다. 이제 목표는 내 삶의 일부가 됐습니다. 집에 있는 거울 앞에 포스트잇을 붙여 놓고 컴퓨터 스크린세이버로도 설정 해놨으며, 지갑에는 목표를 적은 코팅 종이를 항상 넣고 다 닙니다. 어디서나 볼 수 있죠. 아무리 훌륭한 목표를 세워 도 한구석에 버려두다가 1년 후에 결과를 확인한들 도움이 되지 않는다는 걸 결국 깨달았습니다. 매일 순서에 따라 실 천해야 합니다."

알렉스는 단호하게 말했다.

"대단하네요. 이것 하나만으로도 확실한 인생의 전환 점이 됩니다. 원하는 목표를 정확하게 인지하는 과정은 매 우 어려우나 가장 중요한 단계라는 당신의 말은 전적으로 옳습니다. 마찬가지로 이런 목표 설정 과정이 인생 전반에 걸쳐 똑같이 적용됩니다. 분야별로 성장하는 데 집중하다 보면 골고루 발전하는 걸 알 수 있습니다. 그래서 오늘 네 가지 분야를 모두 언급하는 걸 들었을 때 반가웠습니다. 당 신은 진짜로 성장하고 있습니다!"

"빈스도 훌륭하게 조언해 줬고, 당신도 지난주 진실을 경배해야 한다고 가르쳐줬습니다. 덕분에 제 생활에 벌써 큰 변화가 생겼습니다. 당신이 성공할 수 있었던 또 다른 비결이 있을까요?"

알렉스가 웃으며 말했다.

"좋은 질문이군요. 난 질문을 좋아합니다. 하지만 당신 질문에 대답하기 전에 지금까지 관찰한 내용 몇 가지를 먼저 언급하고 싶네요. 제로섬 게임으로 성공에 접근하는 사람들이 많습니다. 무슨 의미냐 하면 직장에서 잘하면 집에서 잘할 수 없다고 생각하죠. 신체적인 건강 관리에 시간을 투자하면 정신적인 건강을 챙길 시간이 부족하다고 믿습니다. 전부 미신입니다. 다 사실이 아니에요. 내가 만나 본 성공한 사람들은 균형이 잘 잡혀 있습니다. 직장에서 열심히 일하면서 가정, 경제 문제, 정신 및 육체적 건강 관리도 포기하지 않습니다. 사실 각 분야에서 뛰어나게 역량을 발휘할 때 진정한 성공을 거뒀다고 볼 수 있습니다. 분야별로 상호의존적이면서 개별적으로 인생에 영향을 끼칩니다. 건강한 신체에 열정이 넘치는 마음으로 무장하고 늘 새롭고 긍정적으로 생각하면 일도 더 잘 풀립니다. 직장에서 즐거우면 가정생활을 더 잘할 수 있습니다. 직장과 가정은 서로 맞물려 있으니까요. 경제적 성과와 상관없이 가정에 문제가 생기거나 건강이 나빠지거나 열정이 식으면 성공할 수 없습니다. 일과 일 외적인 생활에서 조화를 이뤄야 합니다. 성공은 돈으로 평가하는 것이 아니며 충분히 만족할 만큼 많은 돈은 절대 가질 수 없습니다. 당신이 얼마나 제대로 된 최고의 모습에 도달하느냐에 따라 성공은 결정됩니다."

난 맞장구를 쳤다.

"맞습니다. 제가 여기서 배우고 싶은 이유가 바로 그겁니다."

"생각해 보면 또 다른 중요한 원칙을 들어봤을지도 모릅니다. 매우 간단합니다. 왜냐고 물어보세요. 진실을 경배하는 것 말고도 이유를 묻는 것은 중요합니다. 지금 하는 일을 왜 하는지 물었을 때 제대로 대답하지 못하는 사람을 많이 봤습니다. 일하는 이유와 일을 마무리해야 하는 중요성에 대해 충분히 생각해 볼 여유도 없이 같은 일을 반복하면서 현실에 안주합니다. 현재 상황에 이르게 된 이유를 파악하면 무슨 일이든 바로잡을 수 있다는 걸 오래전에 터득

했습니다. 행복을 향한 여정에서 분명한 계획이 없어 행복해지지 못하는 사람이 많습니다. 그러다가 어느 정도 성공을 거두면 어찌할 바를 모르죠. 당신은 이미 남들보다 앞서 있습니다. 벌써 스스로 이유를 물었고 이제 여기저기에 방법을 묻고 있으니까요."

알렉스의 이야기를 듣고, 난 솔직히 말했다.

"감사합니다. 진지하게 이런 목표를 세우는 과정이 모두 낯설어요. 분명히 아직도 고쳐야 할 부분이 있습니다."

질문하길 좋아하는 알렉스가 불쑥 끼어들었다.

"당신이 물어봐야 할 가장 중요한 질문은 '어떻게 생각하는가?'입니다. 그게 바로 나와 빈스에게 발전하는 방법을 묻는 이유죠. 당신은 모르는 걸 다른 사람이 알지도 모른다는 사실을 인정한 거죠. 성공하기 위해 모든 걸 다 알아야 할 필요는 없습니다. 그저 제대로 질문하고 부족한 부분을 최대한 빨리 채우면 됩니다. 대부분 해답은 가까운 곳에 있더군요. 업무상 궁금한 것이 생기면 아마 직장 동료가 당신이 찾는 답을 알고 있을 겁니다. 가정에 관련된 질문은 당신이 모르는 걸 기꺼이 인정하고 물어볼 용기만 있다면 아마 배우자가 대답해 줄 겁니다. 성공은 멀리 있지 않습니다. 가까이에 있죠."

알렉스가 잠시 말을 멈추자, 난 급히 외쳤다.

"잠깐만요! 전 당신이 전략을 세워주길 바랐습니다. 확실하게 성공을 향해 나아갈 수 있도록 구체적인 세부 행동 전략을 추천해 주실 줄 알았는데요."

내 말을 듣고 알렉스가 물었다.

"전략적인 성공 계획을 이미 잘 정리해서 적어둔 책이라도 있을 줄 알았나요? 빈스와 한 수업을 통해 무얼 배운 거죠?"

나는 잠시 곰곰이 생각해 보고 대답했다.

"성공 전략이 적힌 책이 있을 거라고 생각하진 않았습니다. 하지만 그저 제가 배운 몇 가지 기본적인 것 이상을 해야 성공할 수 있다고 생각했습니다. 그런데 당신과 빈스에게 배운 내용을 다시 생각해 보니 제가 왜 한동안 틀에 박힌 생활을 했었는지 이제 알 것 같습니다. 거침없이 돌파하고 변화를 받아들이며 방황을 그만해야만 하는 중요한 이유를 미처 깨닫지 못했습니다. 진실을 경배하고 진실성을 지켜야 하며 사소한 일도 잘해야 하는 이유를 전혀 생각해 보지 않았어요. 왜냐는 질문을 그렇게 자주 받기 전까지 전혀 그런 생각조차 해보지 않았습니다. 이젠 목적과 이유를 알았습니다. 계획을 세울 때 지금까지 한 수업 중 일부만 참조해서 쓰지 않을 겁니다. 제가 세울 행동 전략에서 수업 내용 중 어느 하나라도 빠지면 제가 원하는 모습은 이룰 수 없을 테니까요."

나는 말을 잠시 멈추고 생각을 정리하고는, 사과하듯 말했다.

"제가 물었지만 답을 직접 찾은 것 같네요. 왜냐고 물었던 당신 질문은 중요했고, 덕분에 스스로 답을 찾을 수 있었던 것 같습니다."

알렉스는 내 깨달음에 확신을 주듯 말했다.

"바로 그겁니다! 앞으로 내가 중요하게 여겼던 것처럼 스스로 이유를 물어야 하는 중요성을 이해하길 바랍니다."

"꼭 그러겠습니다. 진실에 경배하고 항상 의문을 제기해야 한다는 조언은 중요합니다. 토요일에 시간 내주시고, 솔직하게 의견 주셔서 고맙습니다."

알렉스는 날 도울 수 있어서 즐거워 보였다.

"별말씀을요. 도움이 돼서 기쁩니다. 꼭 기억하세요. 과거의 당신에게는 미래가 없지만, 지금의 당신에게는 미래가 있습니다. 계속 배우고 발전하면서 앞으로 나아가세요. 하다 보면 다음에 가야 할 길은 저절로 나타날 겁니다."

알렉스의 집을 나서면서 깊은 생각에 잠겨 혼자 중얼거렸다.

"전에는 이 여정을 퍼즐처럼 생각해 본 적이 없었는데… 분명히 전능하고 완벽한 대답은 없어. 지금까지 받은 모든 조언이 나한테 잘 맞을까? 하지만 빈스와 알렉스가 해준 모든 조언을 실천하지 않고선 절대 최고의 모습을 이룰 수 없어."

우리가 나눈 모든 대화가 거의 알렉스가 묻고 내가 한 대답에 초점이 맞춰졌다는 걸 깨닫고 놀랐다. 새롭게 눈을 뜬 경험이었다.

이유를 물어라

아무도 나 대신 계획을 세워줄 수 없다.

◆◆◆

자신에게 "왜"라는 질문을 던지면 성공하기 위해
필요한 대가를 치를 가치가 있는지 명확하게 알 수 있다.

◆◆◆

성공은 제로섬 게임이 아니다. 인생의 각 분야에서
훌륭하게 하다 보면 최고의 모습을 이룰 것이다.

◆◆◆

모든 것을 알 필요 없다.
부족한 부분은 최대한 빨리 채우면 된다.

◆◆◆

빈스와 알렉스가 공유해준 조언 중
어느 하나라도 무시하면 성공은 실패할 수 있다.

GOOD MENTOR

LESSON 8

행운을 찾아라

적극적으로 행운이 있는 방향을 향해
움직여야 한다

GET LUCKY

알렉스에게 배운 내용을 얼른 빈스에게 말하고 싶어서 기다릴 수 없었다. 처음에는 빈스가 2주 동안 수업을 할 수 없다는 말을 들었을 때 실망했었지만, 알렉스와 함께했던 시간은 매우 가치가 있었다. 알렉스가 해준 조언은 통찰력이 돋보였으며 실용적이었다.

　빈스에게 더 많이 배우고 싶다는 열정을 품고 사무실로 향했다. 빈스는 나를 발견하고 따라 웃고 싶어지는 환한 미소를 지었다. 오늘은 편안한 복장으로 깔끔한 청바지에 활동하기 편한 상의를 입고 있었다. 자신감과 행복함을 숨김없이 보여주는 빈스의 미소와 옷 입는 맵시는 특별했다.

　"어서 와요, 잭. 지난 2주 동안 수업을 하지 않으니 허

전했습니다. 알렉스와의 수업은 어땠습니까? 재미있었나요? 무엇을 가르쳐주던가요?"

"좋았습니다. 알렉스는 멋진 사람이었습니다. 수업 때 다룬 두 가지 교훈은 선생님의 수업과 딱 들어맞는 내용이었어요. 진실을 경배하고 항상 이유를 묻는 것이 중요하다고 가르쳐줬습니다. 두 분이 전에 함께 내용을 상의한 적이 있을 거라고 확신합니다."

"아니, 그걸 눈치채다니 뜻밖이네요."

그렇게 말하고 빈스는 내게 사실을 알려줬다.

"알렉스와 난 지난 몇 년 동안 지역 대학에서 성공과 행복학 수업을 함께 가르쳤습니다. 수업 내용은 지금 당신에게 가르치듯 우리 경험을 기반으로 짰죠."

"그렇다면 전 지금 대학 강의를 개인 교습으로 받는 거네요? 선생님에게 처음 연락했을 때 꽤 운이 좋았군요."

"우리 둘 다 당신을 도울 수 있어서 기쁩니다. 오늘 수업을 시작하기 전에 굉장히 흥미로운 책을 읽고 있었습니다."

빈스가 책을 들어 보여주며 말을 이었다.

"월요일이 다른 요일에 미치는 긍정적이거나 부정적인

영향을 다룬 책입니다. 저자는 월요일을 보내는 태도를 바꾸면 남은 한 주를 보내는 방식에 변화가 생기며 나아가 인생도 달라진다고 합니다. 우리가 매주 월요일마다 다룬 수업 내용과 완벽하게 들어맞는 내용입니다. 우리 회사 직원에게 한 권씩 사줄 생각입니다. 당신도 한 번 읽어보세요. 예전에 알았는데 시간이 지나면서 잊고 살았던 내용에 눈을 뜨게 됐네요."

빈스는 책을 덮고 내게 자리를 권한 후 수업을 시작했다.

"오늘은 조금 더 도움이 됐으면 좋겠습니다. 인생에서 일어났던 중요했던 일을 포함해 경력이나 성과를 돌아보면 운도 나쁘지 않았습니다. 다만 행운은 원동력이 아니었죠. 때론 어렵고 불편한 선택을 해야 했지만 내가 내린 결정으로 상황은 좋아졌죠. 모든 선택이 하나로 조화를 이뤘을 때 오늘날의 내가 있을 수 있었죠. 성공한 사람도 다른 사람과 마찬가지로 어려운 선택을 했을 때 힘들어합니다. 다만 끈기가 있다는 게 다릅니다. 마음으로 목표를 선명하게 새겨둬서 힘든 길을 택하더라도 그만큼 가치가 있는 목표라는 걸 압니다. 그리고 비로소 그런 선택을 내려야만 행운이 찾아옵니다. 행운에 대해 어떻게 생각하시나요?"

빈스의 의도나 질문에 대한 정답이 무엇인지 몰랐지만 일단 시도해 봤다.

"대부분 사람은 운이 좋을 때도 있고 나쁠 때도 있다고 생각합니다. 다만, 얼마나 빨리 불운의 고리를 끊어내고 행운을 오래 붙잡아 두느냐에서 차이가 생기는 것 같습니다."

빈스가 내 말에 수긍하며 덧붙였다.

"꽤 정확하게 봤네요. 행운을 착각하는 사람이 많습니다. 미신이나 믿으며 행운의 부적을 지니면 행운과 성공이 찾아올 거라고 믿습니다. 하늘에서 감이 떨어지기만 기다리죠. 그리고 아무런 일이 일어나지 않으면 실망합니다. 행복하지 않고 만족할 만한 성공을 거두지 못한 이유를 운이 나빠서라고 생각합니다. 그러다가 행운은 소수의 선택받은 사람만 누릴 수 있는 특권이라고 믿는 실수를 범합니다. 행운은 당신을 따라오지 않습니다. 사실 그 반대죠. 당신이 행운을 성실하게 쫓아가야 합니다. 그저 행운이 따르기를 바라며 희망을 품을 순 없습니다. 적극적으로 행운이 있는 방향을 향해 움직여야 합니다. 아까 당신이 말했던 것처럼 불행은 빨리 끝내고 행운을 더 오래 누려야죠."

난 빈스의 말을 잘랐다.

"맞습니다. 하지만 행운을 어디서 찾죠? '행운은 여기'라고 표시된 지도는 없잖아요."

"물론 행운을 표시해둔 지도는 없습니다. 사람들은 언제든지 행운이 나타나거나 내비게이션이 행운이 있는 방향을 안내해 주길 원하죠. 그리고 즉시 행운이 저절로 타올라 성공과 행복을 가져오길 바랍니다. 하지만 사실은 당신이 행운이 있는 장소에 가서 불을 붙여야 합니다. 행운이 저절로 타오르는 일은 없습니다. 운이 좋은 사람들은 기회주의자들입니다. 평범한 사람보다 스스로 원하는 바를 정확하게 알아 잠시도 쉬지 않고 쫓았기 때문에 운이 좋은 겁니다. 행운을 발견하면 기회주의자들은 준비하고 틈을 공략합니다. 반면, 운이 나쁜 사람들은 적극적으로 행운을 찾아다니지 않고 저절로 나타나길 기다립니다."

빈스는 내가 제대로 집중하고 있는지 확인하길 망설이

다 힘주어 말했다.

"잘 들으세요. 매우 중요한 부분입니다. 행운은 정보가 더 많을 때만 나타납니다. 즉, 되든 안 되든 시도하고 지식을 향상하면서 스스로 행운을 구축하는 겁니다. 스티브 잡스는 철두철미하게 행운을 쫓아서 스스로 행운을 거머쥔 좋은 예입니다. 잡스는 리드 대학에 입학한 지 6개월 만에 학교를 자퇴했습니다. 자퇴 후 학교 주변을 어슬렁거렸죠. 교정을 돌아다니다가 모든 포스터와 서랍에 붙은 이름표마다 아름다운 손글씨가 쓰여 있어 호기심이 생겼죠. 그래서 손글씨 강의를 '청강'하면서 글씨체, 글자의 조화 및 여백뿐만 아니라 아름다운 서체를 구성하는 여러 유용한 정보를 배우기로 했습니다. 잡스가 다른 중퇴자들처럼 행동했다면 인생은 불공평하다고 불평하면서 맨발로 정처 없이 학교를 돌아다니는 떠돌이가 됐을 겁니다. 하지만 예술가처럼 생각하고 정보를 배울 수 있는 수업을 '청강'했습니다. 새로 얻은 지식은 궁극적으로 잡스의 인생에 변화를 가져왔을 겁니다. 잡스가 한 일을 생각해 보세요. 더 많이 배우고 위험을 무릅쓰며 도전해서 기회를 잡아 '다른 걸 생각하기'를 배웠을 때 행운이 찾아왔습니다. 운이 좋아 보이는 사람들이 있죠. 하지만 성공을 한 비결을 살펴보면 평범한 사람과 다르게 행동해서 행운을 잡은 걸 알 수 있습니다. 전화를 몇 통 더 하고, 생산성을 높이거나 사소한 일을 능숙하게 처리하면서 행운이 찾아올 수도 있습니다. 운이 좋은 사람은 새로운 정보를 찾아 기회를 포착한다는 걸 당신도 어김없이 알게 될 거라고 생각해요. 행운에 대한 제 철학은 매우 단순합니다. '행운이 있는 장소를 찾고 지식을 더 향상해서 행운을 잡아라!' 지식은 당신의 잠재 능력과 성과 사이의 부족한 부분을 채워주는 힘입니다. 배우면 배울수록 행운이 따릅니다."

그의 말이 끝나자 내 생각을 말했다.

"왠지 그럴듯합니다. 학교를 졸업한 지 꽤 됐는데 오랫동안 자기 계발이 해야 할 일 목록에서 우선순위는 아니었습니다. 지금 제 나이에 지식을 더 쌓아서 행운을 거머쥐려면 무엇을 해야 할까요?"

빈스는 신속하게 대답했다.

"대부분 졸업하면 공부가 끝났다고 생각하죠. 말도

안 되는 생각입니다. 가장 의미 있는 교육은 졸업하고 나서 비로소 시작됩니다. 성공한 사람과 평범한 사람을 구분하는 건 바로 수업을 마지막으로 참석하고 오래 지나서 얻은 지식입니다. 성공한 사람은 자기 계발을 열심히 합니다. 지금 안주하고 있는 편한 장소에서 벗어나 성공할 수 있도록 미지의 공간으로 이끌어주는 지식을 배우는 것도 개의치 않습니다. 알다시피 출구를 나갈 때마다 새로운 기회가 열립니다. 그러므로 다음 단계로 성장할 수 있는 유일한 방법은 현재 상태에서 벗어나는 것입니다. 그래서 운을 개척해야 하죠. 운은 현재 상태를 벗어나 새롭게 시작하도록 쌓았던 지식의 힘을 사용할 수 있게 도와줍니다. 몇 주 전, 내게 전화했을 때를 생각해 보세요. 내게 연락한 동기가 뭐죠? 분명 모험을 감수하면서 내게 전화하도록 자극을 준 계기가 있을 겁니다. 그게 뭐였죠? 그전에는 전화한 적이 없잖아요."

"그때 전 팟캐스트를 듣고 있었어요. 진행자는 자신이 성공과 행복을 이루는 과정에서 멘토의 조언이 매우 중요한 역할을 했다고 했습니다. 그 내용을 듣고서 나를 도와줄 수 있는 사람들을 찾기 시작했습니다. 그러다 선생님께 연락하게 된 거죠."

"그날 팟캐스트를 들어서 다행이군요. 라디오, 음악, 정치토론 말고도 다른 걸 들었을 수도 있잖아요?"

"그랬다면, 아마 선생님께 연락할 생각은 해보지도 못했겠죠."

내 대답에 빈스가 말했다.

"그래서 그 특별한 날 팟캐스트를 듣고 있던 당신이 단지 운이 좋았다고 생각하나요? 아닙니다. 그건 행운이 아닙니다. 성공하는 방법을 배우려고 팟캐스트를 듣기로 했겠죠. 스스로 행운이 있는 방향으로 몸을 맡긴 겁니다. 우리가 처음 만났을 때 당신은 내가 행복과 성공을 이룬 비결을 묻기 시작했는데 그래서 얻은 게 있나요? 당신이 생각하던 것과 달랐나요? 질문에 한 대답 때문에 놀랐나요?"

나는 인정할 수밖에 없었다.

"네, 말씀하신 전부입니다."

"예전보다 지금 성공에 한층 더 가까워진 이유는 바로 지식을 얻었기 때문입니다. 날 만나러 오기 전에 당신은 이미 가장 중요한 퍼즐 조각을 찾았죠. 아마 전혀 깨닫지 못하고 있었겠지만 지식은 힘입니다. 배우면 배울수록 당신은 주변 사람에게 더 소중한 존재로 변하죠. 이렇게 생각해보세요. 왜 나를 찾았죠? 다른 사람을 선택할 수도 있었을 텐데."

"제가 목적으로 삼은 분야에서 이미 성공하신 분이라고 들었습니다."

빈스는 일어나 책상에 두 손을 짚고 몸을 앞으로 기울여 내 눈을 똑바로 응시했다. 그리고 단호하지만 다정하게 자신의 생각을 말했다.

"바로 그겁니다. 사람들은 가장 많이 아는 사람을 찾습니다. 당신이 알고 싶은 정보를 가진 사람을 찾아가는 거죠. 그런 사람들에게 배우면 내면에 숨어있는 열정에 불을 지필 수 있는 연료가 생기고 원하던 모습을 이룰 수 있어요. 성공을 준비하는 과정은 쉽지 않습니다. 세부 계획을 짜서 열심히 노력해야 합니다. 작전을 분류하고 결과를 설명해야 합니다. 그리고 변화하는 상황을 대비하도록 유동적으로 움직여야 합니다. 미래를 위한 준비 과정에서 가장 중요한 부분은 오늘 당장 지식을 습득하는 겁니다. 지식 향상을 도와주는 자신만의 학습 경험을 구축할 수 있습니다. 만나는 사람들과 당신이 구축하는 학습 경험이 없다면 지금 당신의 모습이 곧 미래의 당신이 됩니다. 완전히 다른 사람이 될 수도 있고 그냥 지금과 같을 수도 있습니다. 완전히 다른… 아니면 지금과 같은 당신을 떠올려보세요. 자, 옛날 모습을 생각해 봅시다. 5년 전 당신과 지금의 당신을 비교하면 어떻습니까?"

나는 별로 마음에 들지 않았지만 대답했다.

"그때는 내가 5년 후에 성공과 행복의 비결을 알아내려고 노력할 거라곤 상상조차 하지 못했습니다. 하지만 오늘 전 여기 와 있죠. 별로 발전도 없었고 계획도 없습니다."

진지하게 생각을 말하기 전에 잠시 침묵하다 말을 이었다.

"5년 전만큼 잘나가진 않아요. 그게 부끄럽고 절망스러워요."

빈스는 바로 날 격려했다.

"성공한 사람 모두가 원하는 모습을 이루려면 변화를

일으켜야 한다는 깊은 깨달음을 얻었다고 생각합니다. 대부분 더 빨리 배워 지식을 쌓고 배움의 길에 방해를 용납하지 않으면서 변화를 이뤘습니다. 자책하지 마세요. 속상해할 시간이 없어요. 이제 5년 후 자신의 모습을 선명하게 마음에 새기고 당신만의 색을 채워나갈 때입니다. 생각만 하던 걸 오늘부터 실현해봅시다."

"어떻게 할까요?"

빈스는 이 주제에 열광했다.

"적극적인 자세 좋네요. 지식을 얻는 행위의 장점은 시작하기 위해 책상을 떠날 필요가 없다는 겁니다. 당신이 사무실에 도착하기 전에 내가 읽던 책은 당신이나 책을 찾는 누구라도 읽을 수 있습니다. 그 어느 때보다 지식의 습득은 오늘날 훨씬 쉬워졌지만 가만히 있는다고 지식이 저절로 생기지 않습니다. 당신이 찾아야 합니다. 지식은 찾으려면 노력해야 하므로 끈기가 있는 사람만이 받는 선물입니다. 운이 나쁜 사람은 절대 지식을 찾으려고 노력하지 않습니다. 행운이 있는 방향으로 가 그곳에 있는 정보를 사용하는 건 전적으로 당신에게 달렸습니다. 행운은 지식 안에 녹아 있습니다. 다시 말하죠. 행운은 지식 안에 스며 있습니다. 새로운 아이디어 하나로 인생을 영원히 바꿀 만한 영향력이 있지만 새로운 아이디어를 시도하려면 아는 게 많아야 합니다. 배움에 한계를 둬 자신의 성공을 억누르지 마십시오. 내가 운이 좋다고 하는 사람들이 많습니다. 맞는 말이에요. 하지만 내가 운이 좋았던 이유에 대해 말하는 의견엔 동의하지 않습니다. 그들은 행운이 계속 나를 찾아와 피할 수 없다고 생각합니다. 나도 그랬으면 좋겠네요. 얼토당토않은 소립니다. 다른 사람에겐 일어나지 않고 내 앞에만 행운이 나타난 건 아닙니다. 내가 운이 좋은 이유는 우연이 아닌 내 의지대로 인생을 살기 때문입니다. 오래전에 내 미래는 예측이나 통제할 수 없고 우연히 계획에도 없이 일어난 일로 결정하지 않겠다고 진지하게 마음먹었죠. 현명하게 사는 방식은 아니라고 생각하지만, 장기적으로 봤을 때 성공을 거둘 때도 확실히 좋은 방법은 아닙니다."

내 상황에 적용해서 생각해 보고 말했다.

"생각해 보니, 제 선택도 그렇게 대단하지 않았습니다. 운이 바뀌도록 도움이 됐던 선택이 있다면 알려주시겠습니까?"

빈스는 대답하기 전에 생각을 정리했다.

"글쎄요, 일단 상황이 불공평하다는 생각이 들더라도 피해자처럼 굴지 않겠다고 결심했죠. 목표에 헌신하겠다고 자신과 약속했습니다. 가치관에 따라 성실하게 살고 역경을 극복해 긍정적인 관계를 형성하며 나를 따르는 사람들을 위한 유산을 남기기로 마음먹었습니다. 각각의 결심은 특별하고 소중합니다. 행운이 찾아오길 기다렸다면 내가 원하는 모습을 이루는 데 필요한 지식은 절대 축적하지 못했을 겁니다. 동료가 최선을 다해 필요한 지식을 배우고 나머진 운에 맡기라고 제안했을 때가 바로 내가 가장 운이 좋았던 때입니다. 결과가 좋았습니다."

나는 빈스의 말을 듣고는 물었다.

"현명한 동료와 친구를 두셨네요. 그래서 구체적으로 제가 뭘 하면 될까요?"

빈스는 주저하지 않고 대답했다.

"자신에게 투자하세요. 대개 사람은 자신에게 투자하지 않지만 어떤 주식이나 부동산 투자보다 큰 수익을 가져

다줄 겁니다. 자, 숙제를 내겠습니다. 개인적으로나 직업적으로 자기 계발에 도움이 되는 책을 한 달에 한 권 읽으세요. 그러면 일 년 동안 12권의 책을 읽을 수 있습니다. 다음에 직책이 높은 자리에 모집 공고가 나면 쌓은 지식을 활용해 그 직위를 맡도록 준비를 더 잘할 수 있을 겁니다. 당신에게도 행운이 찾아올 테니까요. 숙제를 하는 것이 당신에게 어떤 의미일지 생각해 보세요. 대부분 사람은 일 년에 소설책 한 권도 읽지 않습니다. 단 한 권도요. 성공하는 사람들은 열심히 책을 읽는다는 공통적인 특성을 보입니다. 한 달에 여러 권을 읽는 최고 경영자가 많지만, 함께 일하는 동료는 학교를 졸업한 후 평생 소설책 다섯 권도 읽지 않을 수도 있습니다. 절대 우연이 아닙니다. 최고 경영자들은 책에서 얻은 지식으로 다양한 각도에서 보고 생각이 분명해져 더 나은 의사 결정을 내리기가 수월하단 걸 압니다. 다시 말해, 운이 좋아지는 거죠. 언제쯤 은퇴할 것 같나요?"

"정말 운이 따르지 않는 한 15년 정도 후에 은퇴할 겁니다. 더 늦게 할 수도 있지만 지금 봐선 15년 후일 것 같네요."

"하루에 반 장을 읽을 때 대략 10분 정도 걸린다고 가정하면 매일 읽으면 15년 동안 180권의 책을 읽을 수 있습니다. 그 정도면 직업, 인생, 주위에 엄청난 차이를 만들 겁니다. 은퇴할 때도 훨씬 보람차고 만족스러울 겁니다. 많이 배울수록 많이 번다는 산 증거가 바로 접니다. 당신도 할 수 있습니다."

난 약간 저항감이 생겼다.

"하지만 전 책 읽는 걸 그다지 좋아하지 않습니다. 오디오 북이나 팟캐스트를 듣고 테드 토크를 보는 걸 더 좋아합니다."

빈스가 순순히 인정했다.

"그것도 괜찮습니다. 자신만의 학습 경험을 구축하는 건 좋지만, 읽고 줄을 쳐가며 책장을 직접 손으로 넘기면서 얻는 지식은 남이 말하는 걸 보고 들을 때보다 더 오래 남습니다. 물론 두 가지 모두 하면 제일 좋죠. 당신이 읽는 책과 이루려는 성공은 직접적인 상관관계가 있습니다. 하루에 10분만 독서에 투자해도 여전히 하고 싶은 대로 공부할 수 있는 시간은 충분합니다. 평생 공부하겠다고 약속하는 건 쉽습니다. 하지만 현재 있는 위치에서 행운을 불러오기 위해 변하지 않는 한 아무것도 달라지지 않습니다. 지금 바로 선택할 수 있습니다. 한 가지 더 있습니다. 긍정적인 사람은 자석처럼 행운을 끌어당깁니다. 행운이 따라다니죠. 반대로 운이 좋은 사람이 부정적이거나 냉소적인 건 본 적이 없습니다. 전혀 없습니다. 일하면서 단 한 번도 그런 사람은 만난 적 없습니다. 우연이 아닐 겁니다. 당신이 나와 비슷하다면 아마 긍정적이고 활기차며 열정적인 사람들과 어울리고 싶을 테니까요."

빈스의 말에 나는 수긍했다.

"부정적이고 냉소적인 사람들과 함께 있고 싶지 않습니다. 함께 있는 사람도 우울하게 만드는 것 같습니다."

빈스는 내 말을 듣고는 바로 이어 말했다.

"맞습니다. 그런 사람들은 함께 있으면 처지고 기회가 생기면 당신의 기운을 빼앗을 겁니다. 조심하지 않으면 결국 부정적인 사람이 당신의 성공과 행복에 미치는 영향에 무뎌집니다. 게다가 따라서 부정적인 사람으로 변하는 걸 거의 눈치채지 못할 수도 있습니다. 마치 철로 옆에 오래 살다 보면 기차가 지나가도 소리를 듣지 못하는 것과도 같습니다. 함께 어울리는 사람을 신중하게 선택해야 합니다."

나는 노트를 내려다보고 미소 지으며 말했다.

"두 번째 수업에서 선생님이 가장 오랜 시간을 함께하는 사람과 비슷해질 거라고 언급하기 전까지 주변 사람들을 크게 신경 써 본 적이 전혀 없습니다."

빈스는 자신의 의도가 내게 닿은 걸 알고 기뻐했다.

"사실입니다. 대부분 낙천적이고 열정이 넘치는 사람과 어울리고 싶어하지만, 그러려면 노력이 필요합니다. 흡사 독감하고 비슷합니다. 감기에 걸리고 싶으면 감기 환자가 있는 곳을 가세요. 다시 말해, 원하는 것이 있으면 원하는 것이 있는 장소로 가세요. 긍정적이고 돕는 걸 좋아하며 희망적인 사람들과 어울리고 있나요? 그렇다면 스스로 긍정적이고 사람 돕는 걸 좋아하며 희망적인 사람이 될 이유가 훨씬 더 많습니다."

빈스는 매우 진지했다.

"누구와 함께 인생을 보낼지 선택하는 걸 보면, 그 사람의 인생이 흘러가는 방향에 대해 많은 걸 알 수 있습니다. 그렇지 않을 가능성이 있지만 당신은 소름이 끼칠 정도로 함께 어울리는 사람과 닮아 갈 겁니다. 축복이 될 수도 저주가 될 수도 있죠. 그러니 당신을 저주할 사람이 아니라 축복해 줄 사람 곁에 머물러야 합니다. 그 선택은 당신이 결정할 수 있습니다."

빈스가 분석한 평가를 완전히 받아들이기가 어려워 대답하기에 앞서 조심스럽게 말을 짜냈다.

"이론적으로는 훌륭하지만 함께 어울릴 사람을 고를 순 없습니다. 고객, 직원, 심지어 늘 저를 축복해 주지 않는 몇몇 가족들도 만나야 합니다."

빈스는 준비한 듯 바로 대답했다.

"물론 때론 만나서 기분이 좋지 않은 사람도 참아야 합니다. 대신 당신을 좌절시키도록 허용하지 마세요. 바로 스스로 행동을 통제하는 거죠. 주변 사람이 미치는 영향을 더 잘 알면 더 좋은 선택을 할 수 있습니다. 함께 어울리는 사람을 닮아간다면 대부분 시간은 누구와 함께 보내야 할까요?"

"할 수 있으면 긍정적인 사람들과 함께 보내고 싶습니다. 하지만 말씀드렸듯 대다수 제 인간관계는 통제 밖의 일입니다."

빈스는 자세하게 설명했다.

"그렇죠. 직장에선 부정적인 사람을 격려하고 칭찬하는 것이 좋습니다. 유감스럽게도 당신이 긍정적인 영향을 미치려고 노력하는 것보다 부정적인 사람이 당신의 기운을 뺏기가 더 쉽습니다. 하지만 일단 최선을 다해 시도해보세요. 동시에 긍정적인 사람과 보내는 시간을 늘리도록 의식적으로 노력하세요. 단지 10퍼센트만 변화를 줘도 엄청나게 달라집니다. 직장 밖에서는 더욱 당신 마음대로 할 수 있죠. 당신을 격려해 주는 사람과 더 많은 시간을 함께하고 스트레스를 주고 혼란을 초래하는 사람과 더 적은 시간을 보내며 통제하다 보면 자연스럽게 더 행복해집니다. 그리고 그 선택은 당신에게 달렸습니다. 긍정적인 사람의 흥미를 끌려면 당신도 긍정적으로 행동해야 합니다. 성공한 사람의 흥미를 끌려면 당신도 성공한 것처럼 행동해야 합니다. 운이 좋은 사람의 흥미를 끌려면 더 많이 배울 수 있는 곳으로 가야 합니다. 당신에게 흥미를 보이는 사람들이 당신이 되고자 하는 모습에 영향을 미칠 겁니다. 부정적이고 미적지근하며 불평하는 사람들과 계속 어울리면 긍정적이고 헌신적이며 운 좋은 사람이 되기 어렵습니다."

말을 마친 빈스는 시계를 들여다봤다.

"시간이 거의 다 됐네요. 당신이 제대로 된 방향으로 가고 있단 걸 알았으면 좋겠어요. 계속 지금처럼 하세요. 그리고 공부를 의도적으로 일상 습관으로 만들어야 합니다. 많이 알면 알수록 존중, 자유, 행복이 찾아올 겁니다. 그러면서 주변에 더 소중한 존재가 될 겁니다. 이미 알겠지만 사람들은 가장 현명한 사람을 찾습니다. 이게 바로 당신에게 행운이 찾아오는 방법이기도 합니다."

시간을 내준 것에 감사 인사를 전하고 다음 수업이 기다려진다고 말했다. 빈스는 내게 위대한 지혜를 알려줬다. 운은 지식 속에 스며 있다. 배움에 더 많은 시간을 투자해야 한다. 절대 가만히 앉아 행운이 찾아오기만 기다리지 않을 것이다.

행운을 찾아라

행운을 찾으려면 행운이 있는 장소로 가야 하고
행운은 지식 안에 스며 있다.

◆◆◆

인생은 우연이 아니라 자신의 선택이다.

◆◆◆

만나는 사람들과 당신이 구축하는 배움의 경험이 없다면
오늘의 당신 모습이 곧 미래의 모습이다.

◆◆◆

긍정적인 사람들과 어울리고 싶다면 긍정적으로 행동해야 한다.

◆◆◆

배우면 배울수록 얻는 것이 많아진다.

◆◆◆

나 자신에게 하는 투자가 최고의 투자다.

'언젠가섬,에서 탈출하기

못이 튀어나온 걸 봤으면
절대 그냥 두지 마라

ESCAPE FROM SOMEDAY ISLE

빈스와 알렉스에게 배우는 수업도 거의 막바지에 이르렀다. 여느 때와 다름없이 빈스는 나를 반갑게 맞으며 말했다.

"졸업식입니다! 그동안 아주 잘 따라와 줬습니다. 당신은 기꺼이 시간을 투자해 적극적으로 자신의 방식을 고치고 발전을 위해 노력을 아끼지 않는 몇 안 되는 사람입니다. 대부분 사람은 상황이 나아지길 기다리다가 왜 제자리걸음인지 궁금해하죠. 하지만 잭 데이비스는 달랐죠! 더 풍요롭게 살기 위해 적극적으로 앞장섰습니다."

난 미소 지으며 말했다.

"좋게 말씀해 주시니 감사합니다. 수업은 재밌었고 깨

달음도 얻으면서 인생이 달라지는 경험이었어요. 수업마다 성공하려면 무엇을 해야 하는지 여러모로 많이 배울 수 있었습니다. 오늘도 마찬가지로 선생님의 가르침을 받고 싶어요."

빈스는 활짝 웃었다.

"사실, 내가 성공을 이룰 때 가장 중요한 신념이라고 평소 생각하는 걸 오늘 당신이 이미 행동으로 보여주고 있습니다. 중간에 수업을 미루거나 취소하고 싶은 유혹을 분명 느꼈을 겁니다. 어떤 결과가 나올지 두려웠을 수도 있죠. 그래도 알지도 못하는 낯선 사람에게 연락하고 만나기까지 엄청난 용기가 필요했을 겁니다. 대부분 사람은 절대 오지 않는 적당한 때를 기다리며 핑계를 댔겠죠."

난 솔직히 말했다.

"저도 전화를 걸기까지 오래 걸렸어요. 안타깝게도 어찌해야 할지 모를 때까지 미루다가 전화했습니다."

빈스는 내 말에 공감했다.

"나도 한때는 당신 같았어요. 미루다 보면 원하는 길을 가지 못한다는 걸 깨닫기까지 꽤 시간이 걸렸죠. 웃기지만 난 미루기 대왕입니다. 모든 사람이 미루기를 좋아하죠. 나 역시 능장 부리는 걸 편하게 여기는 다른 사람들과 별반 다르지 않습니다. 그러던 어느 날, 캘빈 쿨리지^{Calvin Coolidge}가 한 말을 읽었습니다. '모든 일을 한번에 할 수 없지만 당장 무언가를 할 수 있다.' 그 말이 뇌리에 박혔습니다. 당장 무언가를 할 수 있다. 그 이후로 내 생각이 달라졌습니다. 시작을 미룰 좋은 이유는 없습니다. 나 역시 '바로 무언가 시작할 수 있다.'라는 깨달음을 얻은 뜻깊은 순간이었습니다. 그리고 이 여정에 발을 들이면서 당신도 시작한 거죠."

"미루지 않고 바로 실행할 수 있는 지혜가 있었으면 좋겠네요. 전 더는 물러설 곳이 없을 때까지 미루는 것 같아요. 그리고…."

빈스가 내 말을 가로막았다.

"잭, 당신은 이 자리까지 왔어요. 여기 다른 누가 있나요? 자기 갈 길을 가는 다른 사람을 만난 적이 있나요? 알렉스와 내가 줄 서서 기다리라고 했나요? 아닙니다. 기다리는 사람은 아무도 없습니다. 내게 처음 전화했던 그날에 당신은 미루는 습관을 버린 겁니다. 어색하고 불편한 새로운 세계에 도전하기보다는 습관적으로 '언젠가섬^{Someday Island}'으로 돌아가는 사람이 많습니다. 언젠가섬엔 미루는 버릇도 살고 있습니다. 섬 이름은 계속 일을 미루는 사람들을 따서 붙였습니다. 섬에 사는 주민은 '언젠가는 할 거야.' 아니면 '언젠간 가야지.'라고 외칩니다. 지금까지 섬에서 햇볕을 쬐고 아무 일도 하지 않으면서 상황이 저절로 나아진 적은 한 번도 없었죠. 하지만 당신은 언젠가섬에서 일광욕이나 하며 누워 있지 않아요. 당신은 바로 이 자리에 있죠! 가만히 앉아 다음에 뭘 할지 고민하지 않고 긍정적으로 실행으로 옮겼죠."

"격려해 주시는 말씀 감사합니다. 언젠가섬에서 영원히 탈출할 방법을 조언해 주실 수 있나요?"

빈스는 생각을 정리하더니 말하기 시작했다.

"물론입니다. 난 시간은 자기가 소유한다고 굳건히 믿습니다. 당신과 잘 맞는다고 생각하는 방법으로 시간을 활용하면 됩니다. 끝내야 할 일을 미룰 이유는 언제든 찾을 수 있습니다. 하지만 그런 선택은 더는 하지 마세요. 사람들은 할 일을 미룰 이유를 생각할 때 자신도 모르는 사이에 가장 창의적입니다. 너무 바쁘고, 너무 지루하고, 너무 늙었고, 니무 어리고, 너무 스트레스 받았고, 너무 쉽고 등등 핑계가 끝이 없습니다. 현명하게 사는 방법이 아니죠. 자신의 가능성을 발견하거나 잠재력을 절대 일깨우지 못할 겁니다. 행복은 핑계를 극복하고 실천하는 사람에게만 찾아옵니다. 지금 당신처럼 말이죠."

나는 재빨리 끼어들며 질문했다.

"그러면 미루는 함정을 피하는 방법이 있나요? 저도 습관이 된 거 같아요."

빈스는 이 주제에 대해 말하는 걸 매우 즐기는 듯 얼굴이 빛났다.

"좋은 질문입니다. 잘 들으세요. 언젠가 섬에서 탈출하려면 기본적으로 자신의 상황을 통제해야 합니다. 스트레스, 불안, 불행은 자신의 인생을 통제할 수 없다는 감정에서 주로 생깁니다. 스스로 시간을 통제하는 방법을 배워야 인생을 통제할 수 있습니다. 당신의 시간이자 당신의 책임이며 다른 누가 당신 대신 책임질 수 없습니다."

"내 시간과 인생을 통제할 방법을 어떻게 찾죠? 제 맘처럼 안 되는 어쩔 수 없는 일이 많은데요."

빈스는 내 말에 동의하며 말했다.

"당연히 어쩔 수 없는 일도 있죠. 하지만 스스로 생각하는 것보다 더 잘 통제할 수 있을 겁니다. 당신이 평범한 사람이라면 언젠가섬을 탈출하려고 시도하기 전에 기적이 일어나길 기다리고 있겠죠. 무언가 할 수 있는 중요한 시간에 빈둥거리는 건 그만하세요. 의심, 미루는 습관, 지나친 분석은 기운을 빼앗습니다. 절대 원하는 만큼 많은 정보를 얻지 못할 수도 있지만, 기회를 잡아 용기를 내서 당신이 할 수 있는 최선의 결정을 하세요. 완벽한 상황을 기다리면 당신은 절대 결혼하거나 승진하거나 아이를 갖거나 중요한 결정은 전혀 내릴 수 없을 거예요. 완벽한 시기는 없습니다. 시기가 완벽해지기 전에 나서서 무언가 하지 않는 한 아무것도 할 수 없을 겁니다. '당장 무언가를 한다.'가 핵심이며 언젠가섬에서 떠나는 첫걸음을 내디디세요. 작지만 한 걸음을 떼는 것이 가질 수 없는 미래를 향한 큰 걸음을 계획하는 것보다 훨씬 낫습니다. 그리고 일을 완벽하게 해야 하는지 다시 생각해 보세요. 시간과 노력을 들여 정확하게 할 필요 없는 일을 쓸데없이 완벽하게 하려고 성실히 노력하다 아무것도 못 하는 사람을 많이 봤어요. 완벽의 마비는 대가가 큽니다. 시간, 체력, 감정, 돈을 낭비합니다. 그리고 다른 중요한 걸 이루는 것도 방해합니다. 필요 없는 일에 쓸데없이 많은 시간을 투자해야 할 합리적인 이유는 없습니다. 언젠가섬에 산다는 건 절망스러운 습관입니다. 당장 시작하기엔 지금보다 더 좋은 시기는 없다는 마음가짐으로 미루는 습관을 의식적으로 몰아내도록 해야 합니다."

난 확실하게 이해하고 싶었다.

"잠시만요. 더 나은 결정을 내리기 위해 모두 사실에 기반한 정보를 모으는 건 어떤가요?"

빈스는 빠르게 대답했다.

"미루는 습관은 당신이 의사 결정에 필요한 정보를 모은 후 행동하겠다고 미루면서 시작합니다. 행동으로 옮길 정도로 충분한 정보를 알고 있다면 미룬다고 더 나은 결정이 나오진 않죠. 사실 이미 했어야 할 일을 해야 한다고 깨달으면, 단지 스트레스만 더 받습니다. 당연한 소리처럼 들리겠지만 언젠가섬을 탈출하고 싶다면 할 일 목록을 계속 작성하며 실행으로 옮겨야 합니다. 할 일을 처리해야 할 때 생기는 초조함과 불안은 구체적인 계획이 있으면 빠르게 사라집니다. 그러니 할 일을 적은 뒤 스스로 기한을 정하세요. 특히 하기 싫은 일이 있다면 먼저 해치우고 목록의 다른 일을 하십시오. 할 일의 우선순위를 정하는 방법은 성공에 막대한 영향을 미칩니다. 끝도 없는 두더지 게임을 하는 것처럼 성급하게 반응하며 사는 사람이 많습니다. '위기'를 하나 해결하고 나면 또 다른 일이 생기고 결국 하루가 지나고 보면 계획 세웠던 일은 하나도 이루지 못합니다. 자신에게 던질 수 있는 가장 좋은 질문은 이겁니다. 지금 당장 단한 가지만 성취할 수 있다면 무엇을 해야 할까? 이 질문에 대답해보면 어느 부분에 관심을 기울여야 할지 빠르게 찾을 수 있습니다."

내가 끼어들며 물었다.

"알겠습니다. 근데 제가 '당장 할 수 있다.' 하고 시작해서 마무리할 수 없는 막중한 업무를 맡았을 때는 어떻게 해야 하죠?"

빈스는 조심스럽게 대답했다.

"그럴 수 있습니다. 언젠가섬에서 한 걸음 벗어나 시작하기에 가끔 일이 벅차 보일 수 있습니다. 만약 그렇다면 일을 작게 분류해 적어도 오늘 하나, 내일 하나씩 책임지고 끝내도록 합니다. 첫걸음을 떼기가 가장 어렵습니다. 목표한 바를 완성하기 위해 한번에 크게 도약하려고 기다리지 말고 '당장 할 수 있다.'를 실천하며 차근차근 작은 걸음부터 시작하다 보면 훨씬 행복하고 생산성이 높아질 겁니다. 결정을 내리는 두려움 때문에 언젠가섬에서 계속 사는 사람이 많습니다. 자신에게 물어보고 두려움을 극복해보세요. '아무것도 하지 않으면 어떤 기분일까?' 아무것도 하지 않으면 대가를 치러야 하고 그만한 가치가 없단 걸 깨달을 겁니다. 언젠가섬을 탈출하려면 단호한 결심이 필요합니다. '당장 무언가를 하라.'고 해서 모든 걸 끝내야 한다는 의미는 아닙니다. 할 필요가 전혀 없는 일은 목록에서 제거해야 할 수도 있습니다. 그래서 난 실행 중지목록을 만들죠. 실질적인 결과를 보여주지 않고 시간과 기운만 빼는 일들입니다. 예를 들어 끊임없이 이메일을 확인하고 과잉 분석하고 인터넷에서 읽은 의견에 분노하며 뜬소문을 듣고 자신을 다른 사람과 비교하고 중요하지도 않은 일에 애쓰며 거절해야 할 때 수락하는 걸 그만둬야 했습니다. 그러면서 또 자신에게 묻죠. '실행 중지목록엔 뭘 적어야 할까?' 과연 목록에 적은 일들을 포기하고 더 중요한 일에 집중할 수 있는 여유를 가질 수 있을까? 솔직하게 질문에 대답하는 과정에서 실제로 무엇을 해야 하는지 가장 잘 알아볼 수 있습니다. 언젠가섬을 탈출하는 방법에 대한 마지막 조언은 갈등과 골치 아픈 문제를 피하지 않고 정면으로 부딪치는 겁니다. 갈등을 반기는 사람은 한 번도 보지 못했습니다. 그렇다고 갈등을 회피한다고 문제가 해결되는 것도 아닙니다. 사실 오히려 내버려 두면 상황을 더 악화시킵니다. 자신감을 무너뜨리며 당신을 괴롭히죠. 누구에게도 도움이 되지 않습니다. 갈등은 모든 인간관계에도 영향을 미칩니다. 문제를 해결할 수 없으면 합리적인 속도로 정면 돌파합니다. '못이 튀어나온 걸 봤으면 절대 그냥 두지 마라.'는 옛말은 가장 좋은 교훈입니다. 같은 맥락으로 나쁜 소식이 있다면 결국 끓어 넘칠 때까지 두지 마세요. 나쁜 소식은 가능하면 빨리 전하는 것이 가장 좋습니다. 시간이 지난다고 나쁜 소식이 나아지는 건 아닙니다."

나는 한마디 거들지 않을 수 없었다.

"확실히 그렇습니다. 문제를 회피하고 나쁜 소식을 미루면 나중에 더 심각해지죠. 저도 봤습니다."

빈스는 수긍했다.

"나도 문제를 모른 척했습니다. 저절로 없어지길 바랐지만 그런 적은 한 번도 없었죠. '당장 시작하자, 당장 시작하자, 당장 시작하자.'라는 말을 하루에 서너 차례 자신에게 말하는 습관을 강제로 들였습니다. 그랬더니 나중엔 계속 추진하면서 일을 마무리해야 한다는 사실을 상기해 주는 중요한 계기가 됐습니다. 그 깨달음이 인생에 큰 변화를 가져왔어요. 당신도 달라질 수 있습니다."

나는 궁금해 물었다.

"선생님이 '당장 무언가를 시작하라.'라고 강조하는 건 이해하지만, 당장 하지 말아야 할 때도 있지 않을까요? 아니면 언젠가섬을 탈출하기 전에 기다려야 하나요?"

빈스는 내가 수업에 적극적으로 참여하는 모습에 기뻐했다.

"나보다 한 수 위군요. 솔직히 말해서 기다림이 최선일 때가 있습니다. 화가 났으면 '당장 무언가를 할 때'가 아닙니다. 참고 물러서서 크게 심호흡을 한 뒤 화가 났던 문제를 다루기 전에 감정부터 다스립니다. 감정의 소용돌이 속에 사로잡혀 있으면서 화나게 만든 상황에 맞서는 건 좋은 생각이 아닙니다. 화난 사람은 제대로 생각할 수 없습니다. 화가 났을 때 누군가에게 전화하거나 이메일이나 문자를 보내는 건 절대 좋은 생각이 아니죠. 시간이 지난 뒤 화내지 않을 자신이 있을 때 상황을 해결하세요. 그리고 멘토와 함께 이야기하며 푸는 것이 현명합니다. 중립적이고 건전한 의견을 가지면 나중에 후회할 말을 하지 않을 겁니다. 중대한 의사 결정을 해야 할 때도 기다려야 합니다. 인생을 뒤바꿀 만한 큰 결정은 나중에 생길 결과를 이해할 수 있도록 충분한 시간을 들여 철저히 분석해서 내려야 합니다. 중요한 결정을 내리기에 앞서 기다릴 수 있다면 더 나은 정보를 모을 수 있는 건 틀림없는 사실입니다. 그러니 재정적으로나 가족 문제에 있어서 중요한 결정은 천천히 해야 합니다."

나를 괴롭히는 몇 가지 의문점을 해결하려고 노력하며 또 질문했다.

"그런데 인내심을 갖고 기다리라는 조언은 미루고 싶은 충동과 싸우라는 것과 모순이지 않나요?"

"미루는 건 행동으로 옮겨도 될 만큼 충분한 정보를 모았을 때까진 시작하지 않으므로 인내심을 갖고 기다리는 것이 꼭 모순은 아닙니다. 모을 수 있는 모든 정보를 얻었고 결정에 따른 결과를 충분히 인지했다면, 더는 미루지 말고 실행할 수 있습니다. 최고가 되고자 하는 열정이 내가 어느 정도 성공을 이룰 수 있었던 중요한 이유입니다. 인생에 열정이 있었고 일은 내게 모든 가능성을 열어 줬습니다. 당신도 할 수 있습니다. 성공과 행복을 성취하려면 뭘 하겠다는 생각만으로 그치는 것이 아니라 '당장 무언가 시작해라.'를 실천해서 언젠가섬의 탈출이 필요한 과정입니다."

나는 빈스가 해준 조언이 고마웠고 더 배우고 싶었다.

"매우 유용한 조언입니다. 혹시 제게 도움이 될 만한 시간 관리법을 알려주실 수 있을까요?"

"시간 관리 방법을 오랫동안 연구해봤지만, 사실 시간

관리에 있어서 특별한 해결책은 딱히 없다는 걸 깨달았습니다. 한 가지를 잘해서 하루에 두세 시간을 절약할 수 있는 사람은 없습니다. 그러나 몇 가지를 바꿔서 하루에 1~2시간을 더 유용하게 쓰는 사람은 봤습니다."

빈스의 말에 온 신경을 집중했다. 시간 관리를 제대로 하지 못하는 내게 시간 관리는 늘 고민거리였다. 빈스가 계속 말했다.

"내겐 효과가 좋았던 몇 가지 간단한 방법을 알려주겠습니다. 시간 관리 방법을 개선하고 싶다면 해야 할 일의 우선순위를 정하는 것이 핵심입니다."

1800년대 이탈리아 경제학자 빌프레도 파레토$^{Vilfredo\ Pareto}$는 부의 80퍼센트를 장악하고 있는 이탈리아 인구의 20퍼센트를 관찰했습니다. 그렇게 관찰하기 시작해서 오늘날 파레토의 법칙으로 널리 알려졌고, 20퍼센트가 80퍼센트에 영향을 미치는 원리를 설명하는 2 대 8의 법칙을 발견했습니다. 당신이 얻은 결과의 80퍼센트는 20퍼센트의 행동에서 나온 것이고 불만 접수의 80퍼센트는 20퍼센트의 고객이 신고한 것이며, 주변에 20퍼센트의 사람이 당신의 시간 80퍼센트를 낭비하며 20퍼센트의 인간관계가 80퍼센트의 낙천주의를 갖는다는 등 끝도 없이 많은 상황에 적용할 수 있습니다. 마찬가지로 시간 관리에도 적용할 수 있습니다. 여러 가지를 많이 하는 것보다 더 나은 결과를 얻을 수 있는 방법이 있습니다. 몇 가지 우선순위로 둘 일을 정리해서 집중적으로 처리하면 최상의 결과를 얻습니다.

첫째, 최고의 결과를 얻으려면 만사 제치고 매일 방해 없이 계획 짜는 시간을 확보하는 것이 가장 중요합니다.

처음에는 스스로 엄격하게 지키는 것이 어려웠지만, 방해 없이 20분 동안 짠 계획의 양은 평소처럼 방해를 받으며 한 시간 동안 짠 계획의 양과 비슷했습니다. 하루 20분 확보가 어렵다면 10분 정도로 시작합니다. 그래도 결과는 기대 이상일 겁니다. 비슷한 일을 몰아서 하도록 시간을 쪼개 활용하면 시작과 마무리를 반복하지 않아도 됩니다. 예를 들어, 이메일은 한꺼번에 처리하세요. 전화도 한번에 회신합니다. 메모나 편지는 한번 앉아서 시작하면 다 쓸 때까지 일어나지 마세요. 같은 일에 여러 차례 집중을 피하는 것만으로도 시간을 많이 절약할 수 있습니다. 이 일 저 일로 자주 바꾸지 않으면 확실히 생산성이 높아집니다. 간단한 팁을 하나 주자면 남들보다 10~15분 정도 점심시간에 먼저 나가거나 늦게 나가세요. 대부분 사람이 점심 식사를 왜 12시에 하는지 의문입니다. 엘리베이터를 타기 위해 기다려야 하고 식당에서도 시간이 더 오래 걸리고 돌아와서 다시 엘리베이터를 기다려야 하는데 나중에는 점심시간이 짧다고 불평합니다. 남들과 시간이 겹치지 않으면 점심시간을 반 이상 아낄 수 있습니다.

둘째, 상황을 적극적으로 주도하세요.

예를 들어 '나중에 통화해서 약속을 잡죠.'라고 말한 누군가에게 이렇게 대답하세요. '나중에 통화할 시간을 절약하고 지금 당장 약속을 잡죠.' 그렇게 마무리하면 나중에 따로 연락할 필요가 없습니다.

셋째, SNS에 낭비하는 시간을 주의하세요.

당신이 인지하지도 못하는 사이 시간을 잡아먹는 주범입니다. SNS는 친구들과 연락하기 쉬운 수단이지만, 한편으론 집중력을 대단히 방해합니다. 인생 중 얼마나 SNS에 시간을 쓸지 직접 정하세요. 그리고 제한한 시간이 되면 꺼버리세요. 이렇게 하면 중요한 걸 놓치는 일은 거의 없고, 다음 날 새로 볼거리가 많이 생길 겁니다.

넷째, 시간 관리 서적을 읽으세요.

매일 몇 분씩 아낄 수 있는 방법이 많습니다. 그리고 내가 가르쳐 준 내용은 아니더라도 당신이 중요하게 활용할 수 있는 팁이 많아 놀랄지도 모릅니다.

빈스의 이야기를 듣고, 나는 반박했다.

"흔한 한 가지가 빠져서 전 오히려 놀랐습니다. 멀티태스킹을 언급하지 않은 이유가 있나요? 한번에 여러 가지 일을 처리하면 더 적은 시간에 더 많은 일을 할 수 있으니 생산적인 방법이라 보이는데, 그렇지 않나요?"

"잠깐만요, 잭. 멀티태스킹은 매우 조심스럽게 결정해야 합니다. 중요한 일을 할 땐 덜 중요한 일에 주의를 분산하지 않고, 당장 해야 할 일에 집중해야 합니다. 그다지 중요하지 않거나 당신이 완전히 집중할 필요가 없는 일을 할 때 멀티태스킹을 하면 됩니다. 중요한 여러 가지 일을 한꺼번에 처리하면 결국 동시에 여러 가지 중요한 일을 망치는 결과를 얻습니다."

이야기를 마친 빈스는 시간을 확인했다.

"시간 이야기가 나와서 보니, 오늘 수업이 거의 다 끝났군요. 이번이 마지막 수업인데 여길 나가면 어떻게 할 계획인가요?"

"선생님과 알렉스로부터 배운 내용을 활용해 구체적인 계획을 바로 세울 겁니다. 하지만 선생님이나 알렉스를 만나는 일이 마지막은 아니었으면 좋겠습니다. 더 좋은 관계로 발전해 두 분께 계속 배우고 싶습니다."

"좋은 전략 같군요. 우리도 계속 돕고 싶습니다. 처음 내게 연락했을 때 당신은 막막해서 무엇을 해야 할지 갈피를 잡지 못했었죠. 그 모습을 떠올려보니 수업을 마치기 전에 한 가지 더해줄 이야기가 있습니다."

길을 걷다가 한 남자가 구덩이로 떨어졌다. 하지만 구덩이가 너무 깊어 빠져나올 수 없었다. 모든 방법을 생각해 봤지만, 혼자서 구덩이를 올라올 방법을 찾을 수 없었다. 그때 지나가던 목사가 도움을 청하는 남자의 외침을 듣고 "왜 구덩이에 있는 거죠?" 하고 물었다. 남자는 "떨어졌는데 나갈 수가 없어요."라고 답했다. 목사는 남자가 나올 수 있도록 기도를 드리겠다고 말한 후 가버렸다.

이어 지나가던 경찰이 도움을 청하는 남자의 외침을 듣고 "왜 구덩이에 있는 거죠?" 하고 물었다. 남자는 "떨어졌는데 나갈 수가 없어요."라고 답했다. 경찰은 구덩이에 있는 건 법에 저촉된다면서 위반 딱지를 끊어 구덩이에 던지고 가버렸다.

이번에는 지나가던 환경운동가가 도움을 청하는 남자의 외침을 듣고 "왜 구덩이에 있는 거죠?" 하고 물었다. 남자는 "떨어졌는데 나갈 수가 없어요."라고 말했다. 환경운동가는 구덩이에 있는 건 환경적으로 안전하지 않다고 말한 뒤 "구덩이에 빠진 남자, 환경적으로 안전하지 않다!"라고 써진 팻말을 들고 구덩이 주변을 돌기 시작했다.

마지막으로 지나가던 친구가 도움을 청하는 남자의 외침을 듣고 "왜 구덩이에 있는 거야?"라고 물었다. 남자는 "떨어졌는데 나갈 수가 없어."라고 답했다. 친구는 한 치의 망설임도 없이 구덩이로 뛰어들었다.

"제정신이야? 왜 구덩이로 뛰어들었어? 모든 노력을 다해봤지만 나갈 수가 없었단 말이야. 목사는 기도를 해주겠다 했고, 경찰은 내게 딱지를 끊어줬어. 이 상한 환경운동가는 팻말을 들고 밖에 서 있지. 근데 넌 구덩이에 뛰어들어 나와 함께 갇히다니, 제정신이야? 왜 구덩이에 뛰어든 거야?"

남자는 친구의 행동에 놀라 물었고, 친구는 답했다.

"걱정하지 마. 나도 예전에 이 구덩이에 빠져봐서 뛰어든 거야. 나가는 방법을 알아!"

"당신은 구덩이에 빠진 남자입니다. 알렉스와 난 당신을 도우려고 구덩이에 함께 뛰어든 사람들이죠. 계획을 실행하고 나면 막막한 상황에 처해 빠져나갈 방법을 모르는 사람을 봤을 때, 당신이 구덩이에 뛰어들 차례입니다. 당신이 배운 것이 무엇이든 간에 당신만의 것이 아닙니다. 다른 사람과 나눠야 합니다. 당신이 다른 사람을 가르쳐줄 때 당연히 새로운 걸 배울 겁니다. 이런 걸 '순환학습'이라고 합니다. 멘토를 할 때 기분 좋은 일은 가르치는 사람이 배우는 사람만큼, 아니 때로는 더 많이 배운다는 것입니다. 내가 당신과 함께한 수업 동안 배웠던 것처럼요. 잭! 자, 마지막 교훈입니다. 인생은 불행하게 살기엔 너무 짧고, 최선의 모습을 추구하지 않고 살기엔 너무 깁니다. 재미있게 사세요. 사는 방법을 잊어버릴 정도로 바쁘게 살지 마세요. 생각지도 못한 반전과 인생의 굴곡을 즐기는 사람과 어울리세요. 어떤 상황이든 간에 당신에게 용기를 주고 항상 유머 감각이 있는 사람과 친하게 지내세요. 내 주변에 가장 행복하고 성공한 사람들은 인생을 즐깁니다. 당신도 할 수 있어요. 수업하러 와줘서 고마워요."

빈스는 일어서며 덧붙였다.

"우리가 지금까지 다룬 모든 원칙은 효과가 있습니다. 의심스럽다면 확인해보세요. 함께한 시간이 내게도 소중했습니다. 당신에게도 유용해서 언젠가섬에서 영원히 탈출하여 인생을 즐기길 바랍니다."

마지막이라는 사실이 싫었다. 수업 내내 즐거웠고, 지난 몇 년 동안 배우지 못한 내용을 지난 몇 주간 배울 수 있었다. 갑자기 오늘이 마지막 수업이란 사실이 확 다가왔다.

얼마나 감사하고 있는지 한번 더 표현하고 싶었다.

"선생님이 나눠주신 시간과 지혜는 말할 수 없이 소중했습니다. 감사합니다. 수업마다 제 관점이 달라졌고, 결국 인생이 달라질 겁니다. 제게 용기를 주셨고 가야 할 방향을 보여주셨으며 잘할 수 있도록 의욕을 주셨습니다. 받은 만큼 갚을 길은 없지만, 제가 배운 걸 도움이 필요한 다른 사람과 나누겠다고 약속하겠습니다."

차로 가면서 내가 받은 조언이 얼마나 쉬운 것인지를 깨닫고는 다시 한번 감탄했다. 두 사람은 내가 일상생활에 포함하고 싶어 했던 충고와 지도를 해줬다. 멘토들이 얼마나 친절했는지 새삼 깨닫고는 기분이 좋았다. 두 사람에게 내가 성공적이면서 자신감 있고 동시에 호감 가는 사람이 될 수 있다는 걸 배웠다.

이제 수업이 모두 끝났다. 배운 내용을 완전히 이해해서 나만의 성공 계획을 세울 때다.

'언젠가섬'에서 탈출하기

난 "바로 시작한다." 시작하지 않고선 절대 앞서 나갈 수 없다.

◆◆◆

화가 나면 대답을 보류한다.
진정하고 나서 대답을 조심스럽게 생각한다.

◆◆◆

시간은 내 것이다. 시간을 최대한 활용하는 것은 내게 달렸다.

◆◆◆

진작했어야 할 일을 미루고 있단 사실을 인지하면
스트레스가 높아진다.

◆◆◆

완벽주의는 대가를 치를 가치가 없을 수도 있다.
완벽의 마비는 손해가 크다.

◆◆◆

미루는 습관은 장애물이다. 언젠가섬을 탈출한다.

◆◆◆

인생은 짧다. 그러니 인생을 즐겨야 한다.

　　처음 개인적으로 계획을 세우기 시작했을 때 빈스와 알렉스가 지닌 공통적인 특징을 떠올리고, 생각을 적어봤다. 두 사람은 심적으로 '여유'가 있었다. 대가를 바라지 않고 기꺼이 본인의 지식을 가르쳐줬고 '비밀'을 알려주는 것을 두려워하지 않았다. 성공에 대한 대단한 비결은 바로 전혀 숨기는 것이 없단 것을 알았다. 두 사람은 누구나 지식과 지혜를 얻어 성공할 수 있다고 믿는다. 한 사람이 성공한다고 다른 사람이 성공할 가능성이 줄어드는 것이 아니라 모두가 최고가 될 기회가 있다. 그래서 대가를 전혀 고려하지 않고 날 돕는 자체를 기뻐했다.

　　두 사람은 각자 독특한 여정을 겪었다. 모두 골치 아픈 문제가 있었지만 두려워하지 않고 인정했다. 인생의 모든 분야에 재능이 있는 건 아니었지만 자신이 취약한 분야는 더 잘 아는 사람에게 기꺼이 배울 의지가 있었다. 자신에게 선택권이 있다는 사실을 이해하고 현재 내린 결정이 미래에 미치는 영향을 판단할 수 있는 방법을 배웠다.

각자 가진 재능과 경험이 달랐지만 최고의 모습을 이루기 위해 최선을 다했다. 단지 최고가 되는 것에 흥미가 있었던 것이 아니라 실행으로 옮기려고 전념했다. 긍정적으로 행동하고 원칙을 지키며 활기찬 모습을 보여주면서 빛나는 개인의 명성을 쌓아 올렸다.

열심히 노력했다. 두 사람은 단지 돈을 벌려고 일하지 않았다. 성공하기 위해 성실하게 노력했고 집착을 보였다. 세상 사람들은 두 사람이 쉽게 성공을 이뤘다고 볼지 몰라도 성공은 엄청난 노력에 따른 결과였다.

두 사람 모두 일을 좋아했지만 일과 사생활 사이에서 균형을 유지했다. 직업과 인생을 병행하는 방법을 배웠다. 그리고 어떤 희생이라도 감수하고 이루는 성공은 전혀 성공이 아니며 사회적인 성공을 위해 모든 걸 희생하기를 거부했다. 그래서 두 사람은 이성뿐만 아니라 마음까지 사로잡는 일에 인생을 투자하기로 선택했다.

두 사람은 겸손과 자신감을 골고루 갖췄다. 다른 사람에게 배우고 학습하는 열정이 있었고 다른 사람이 자신의 삶에 영향을 미친다는 걸 빨리 납득했다. 감사하는 마음을 갖고 자신을 도와준 사람에게 기꺼이 공을 돌렸다. 자신 있게 스스로 터득한 지혜를 타인과 공유했다. 그리고 자신과 남을 즉시 용서했다.

두 사람이 등장하면 공간이 바로 환해진다. 긍정적인 태도와 자신들이 일군 성공에 걸맞은 모습을 보여준다. 세련됐고 최상의 모습을 보여줬으며 잘 차려입고 긍정적으로 행동한다. 다른 사람이 기분 좋아지도록 주의를 기울인다. 질문하면 진심으로 대답에 관심을 보였고, 금방 미소를 지으며 격려해 준다.

살아있는 것과 살고 있는 것의 차이를 이해하는 것이 가장 중요하다. 목적에 따라 살고 있으니 인생이 즐겁다. 분명한 방향성을 갖고 목적을 이루기 위해 매일 긍정적으로 행동한다. 또한 최선을 다해 삶을 살면서 동시에 주변에도 긍정적인 변화를 주고 있다.

빈스와 알렉스를 만나고 나서 나 역시 정말 특별한 재

능을 지녔다는 것을 깨달았다. 조언을 구하는 용기, 배우려는 의지, 원하는 모습을 이루겠다는 열정 모두가 내게 소중한 재능이었다.

스승들이 알려준 원칙은 훌륭한 선물이었다. 덕분에 원하는 모습을 이룰 수 있도록 열심히 세부 계획을 짤 수 있었다.

무슨 일이 생기더라도 책임지고 더 좋은 장소로 나아가는 건 내 선택에 달렸다는 걸 확실히 이해했다. 성장하려면 변화는 꼭 필요하단 사실을 인정하고 나니 거부하지 않고 변화를 받아들일 수 있었다. 의심하지 않고 내 목표를 분명히 알고 경로에서 벗어나 방황하지 않아야 한단 것을 깨달았다.

실수를 통해 깨달음을 얻는 학생이 됐고 확실하게 같은 실수를 반복하지 않도록 "두 번 다시는" 대응법을 배웠다. 사실이길 바랐던 걸 지어내는 건 그만두고 진실에 경배하기 시작했다. 약속을 지키는 사람이 됐다. 내가 하기로 약속하면, 이미 처리한 거로 여겨도 좋다. 사소한 일도 잘하기로 마음먹었고 원하는 모습을 위해 태도도 의식적으로 바꿔야 했다.

예전보다 호기심이 많아져 왜냐고 더 자주 묻게 됐다. 새로 생긴 특성 덕분에 진행 중인 일이 제대로 마무리를 잘 해야 할 만큼 중요하다는 확신이 들었다.

평화롭게 사는 법을 배웠다. 내게 상처 줬던 사람들과 나 자신을 용서했다.

책을 더 많이 읽고 이야기도 더 잘 들었다. 행동으로 실천해서 언젠가섬에서 탈출하는 게 두렵지 않다. 지식을 추구하기 시작할 때 운도 좋아졌다.

부부 사이도 예전처럼 좋아졌다. 인생에서 중요한 것들이 균형을 찾으면서 가족을 위해 헌신적으로 보내는 시간을 최우선으로 둘 수 있었다.

대단하게 많은 돈을 벌거나 큰 집에서 사는 것도 아니고 제일 좋은 차를 타는 것도 아니지만, 내 행동은 단순히 물질적으로 얻을 수 있는 그 이상이란 걸 깨달았다. 인생에서 최고의 모습을 이루고 인생을 즐기며, 최고의 모습을 추구하는 다른 사람을 돕는 것이 행복이다.

모두와 내가 얻은 교훈을 나누는 기쁨이 내가 배운 가

장 중요한 것이다. 바로 이것이 내가 당신에게 주는 선물이
다. 다른 사람에게도 나눠 주어 기쁨을 누리길.

이 책을 읽어준 독자에게 감사를 전한다. 내가 그러했듯 책의 여정이 당신이 떠나고자 하는 여정의 일부가 되길 바란다.

책처럼 나도 살면서 훌륭하고 생산적인 조언을 많이 받았다. 이 책을 읽고 난 후 여러분이 배운 것으로 두 가지를 실행해봤으면 하는 욕심을 내본다.

첫째, 오늘부터 배운 내용을 적용해 보자. 책의 처음으로 돌아가 각 장을 훑어보며 실행계획을 세운다. 시작하는 것이 중요하다. 오늘 당장 시작할 수 있다.

둘째, 혼자만 알고 있지 말고 아는 지식을 다른 사람과 나누자. 다른 사람에게 용기를 북돋아 주면 당신도 기분이 좋아진다. 남을 가르치는 것이 가장 효과적인 지식 습득 방법이다. 가르치면서 생각이 정리되고 자기 학습을 강화할 수 있다. 회사나 지역 사회에서 그룹 토론을 주도할 수도 있다. 저녁 식사를 하면서 함께 식사하는 사람을 가르칠 수도 있다. 시간 관리 평가 및 목표 설정 과정 양식과 같은 무료 소규모 그룹 토론용 지침과 유인물은 시작할 때 유용하다. www.CornerStoneLeadership.com에서 무료로 다운 받아서 사용해보길 바란다.

당신 인생 전부를 구석구석 통제하고 싶은가? 그렇다면 직장과 주변 동료에게 감사하는 마음으로 출근하면 어떤 기분일지 상상해 보자. 인생에 열정이 넘치는 기분은 어떤가? 사랑하는 사람들과 더 행복한 시간을 보낼 수 있도록 다시 에너지가 샘솟는다면 어떨까? 부부 사이가 더 친밀해지고 함께 하는 시간이 즐겁고 서로에게 솔직하며 때로 친구와 같다면 어떨까? 내면의 평화를 찾고 주변 사람과도 평화롭게 지내는 기분은 어떤가? 말할 수도 없이 행복할 것이다. 그리고 당신이 결정할 수 있다.

예전에 1999년 미국 오픈 챔피언 대회에서 우승한 골프 선수 페인 스튜어트^{Payne Stewart}를 동경했다. 그러나 우승한 지 얼마 지나지 않아 스튜어트는 안타깝게도 비행기 사고로 세상을 떠났다. 스튜어트는 자기 일에 열정과 목적, 깊은 신념을 가진 카리스마 넘치면서 재미있는 사람이었다. 사고가 난 지 얼마 지나지 않아 스튜어트가 했던 말이 인용됐다.

"때로 꿈을 실현하며 사는 것이 꿈을 꾸는 이유입니다."

내가 직업에 대해 느끼는 감정이다. 난 꿈을 이루고 있다. 당신이 인생에서 어떤 꿈을 꾸기로 선택했든 간에 최선의 모습이 되라고 용기를 북돋아 주는 것이 내 꿈이다.

눈을 크게 뜨고 세상을 보라. 가서 가족에게 얼마나 소중하게 여기는지 말해주자. 직장에서 얼마나 감사하게 생각하는지 주변에 알려주자. 오늘을 감사하며 즐기자. 후회를 남기지 말고 언제나 최선을 다해 진정한 목적을 열정적으로 추구하자.

그러다 보면 내가 경험했듯이 전혀 예상치도 못한 곳에서 인생에서 가장 큰 보상이 주어진다는 것을 깨닫고는, 매우 놀랍고 기뻐하다가 겸손하게 받아들이게 될 것이다. 보상이 당신을 기다린다.

이 책이 당신에게 성공을 향한 결정을 내릴 수 있도록 용기를 주고 필요한 지식을 제공할 수 있길 바란다. 반드시 성공할 수 있고 성공할 것이다.

다음 결정은 언제나 당신 손에 달렸다. 당신 인생이고 당신에게 주어진 소중한 시간과 기회다.

이 인생 여정이 당신에게 행복과 성공을 불러오길 바란다.

데이비드 코트렐

| 감사의 말 |

　주님과 항상 곁에 있어 준 가족, 친구, 동료 덕분에 난 세상에서 가장 운이 좋은 사람이다. 또한 나와 함께 팀을 구성해 일하는 동료들이 있어 행운이다.

　항상 날 격려해주고 친구로서 날 인생에 받아들여 준 친구들에게 감사한다. 특히 루이 크루거, 마크 레이튼, 토드 테일러, 브라이언 랭커스터, 밥 비들, 앨런 에스피날, 폴 리베라토에게 감사 인사를 전한다.

　또한 코너스톤 팀에게 감사한다. 바버라 바틀렛, 켄 카네스, 리 콜란, 멜리사 파, 해리 홉킨스, 미셸 루시아, 그리고 지난 25년 동안 코너스톤을 언제나 사랑해준 고객들 덕분에 이 책을 집필할 수 있었다. 이 책에 담은 내용은 여러분에게 얻은 가르침을 많이 반영했다. 내 마음을 받아주길 바란다.

맷 홀트와 환상적인 그 팀에도 특별한 감사 인사를 전한다. 홀트는 출판 세계에서 빛나는 스타다. 편집자 클레어 슐츠, 교열 편집자 스콧 칼라마, 제작 편집자 케이티 홀리스터, 마케팅 담당자 맬러리 하이드에게도 진심으로 감사한다. 함께 작업하면서 즐거웠다.

책의 일부를 집필할 때 새로운 관점을 제시해 준 애슐리 르블랑, 2002년, LA에서 열린 작가 협의회에서 내게 언젠가섬을 알려준 프랭크 룬, 내게 보고 느끼고 믿으라고 가르쳐준 오랜 친구 데이비드 쿡에게 감사를 전한다. 쿡은 내가 제일 좋아하는 책이자 영화로 만들어진《내 인생을 바꾼 일주일: 삶의 의미를 찾은 한 골퍼의 이야기^{Seven Days in Utopia: Golf's Sacred Journey}》를 집필했다.

이 책을 최소한 여섯 가지 버전을 곁에서 함께 인내심을 갖고 읽어준 내 아내 매들린에게 깊이 감사한다.

의심할 여지없이 이런 사람들을 곁에 둔 난 가장 운이 좋은 사람이다. 꿈을 이루며 살 기회를 주신 주님께 매일 감사드린다. 이 책을 통해 모든 사람이 큰 성공을 이룰 수 있도록 영감을 얻길 바란다.

"언제가 됐든 간에 사람은 현실과 이상 사이에 있는
엄청난 차이를 깨닫고 극복해야 한다."

"인생에서 성공하는 걸 방해하는 거창한 음모는 없다."

"당신의 성공과 행복은 주변에서 일시적으로 일어나는
상황이 아니라 결국 당신이 내린 결정으로 형성된다."

"진실성만큼 중요한 건 없다. 아무도 믿어주는 사람이 없다면
당신이 하는 말은 중요하지 않다. 그리고 당신이 말한 대로
지킬 거라 믿어주는 사람이 없다면 당신이 얼마나 열심히 하고
전문적이며 용감하거나 긍정적인지는 중요하지 않다."

"현재 맞닥뜨린 문제는 당신을 망가뜨리려는 것이 아니라
당신이 가야 하는 올바른 길로 경로를 다시 설정하는 과정이다."

"모든 일을 통제할 순 없지만
다음으로 할 행동은 통제할 수 있습니다."

"행복과 성공을 이루려면 어떻게 정의하든 간에
우선 자신을 대단하게 여겨야 한다."

"대부분 사람은 목표가 무리하거나 비현실적이어서 포기하는 것이
아니다. 인내심이 부족해서 포기한다. 익숙한 곳으로 물러서고
대부분 성공을 거두기 직전에 도망친다."

"쉬운 길은 조심하자. 믿거나 말거나 쉬운 길은
대게는 더 멀리 돌아가는 길이다."

"대부분 사람은 행동으로 옮기거나 갈피를 못 잡거나 두 부류로
구분한다. 행동하는 사람은 확고한 마음가짐으로 목적을
이루겠다는 사명감이 있다. 반면 갈피를 못 잡는 사람은
외부 환경에 휘둘리며 다음 행동에 영향받는다."

"누구와 함께 인생을 보낼지 선택하는 걸 보며
그 사람의 인생이 흘러가는 방향에 대해 많은 걸 알 수 있다."

"직업에 만족해야 하지만 부담을 느끼면 안 된다.
일은 선물이자 특권이다."

"장기적인 관점에서 성공하고 행복해지고 싶다면 일시적인
상황에 따라 달라지지 않는 일정한 규칙대로 살아야 한다."

"실제로 좋은 일도 생각만큼 좋은 것이 아닌 것처럼
나쁜 일도 보이는 것보다는 나쁘지 않다."

"누구든 혈액 검사나 스트레스 검사, 엑스레이 검사에 따라 나온 단
한 번의 결과나 심각한 사고로 인해 인생이 바뀌는 건 한순간이다."

"부정적이고 미적지근하며 불평하는 사람들과 계속 어울리면
긍정적이고 헌신적이며 운 좋은 사람이 되기 어렵다."

"안일함은 평범함의 근원이며 성공을 방해하는 최악의 적,
즉 실패보다 훨씬 부정적인 근원이다."

"가장 필요 없다는 생각이 들 때가 바로
가장 변화가 필요한 시기라는 게 변화가 지닌 역설이다."

"친구, 가족, 직원, 고객 모두가 제대로 대우받고 싶어 한다."

"사람들은 판단 착오는 용서하고 금방 잊어도
진실성을 의심하게 하는 실수는 거의 잊지 않는다."

"사소한 약속을 중요하게 여기지 않은 걸 남이 양해해 주길
바랄 수도 있다. 하지만 사람들은 당신이 바라는 대로가 아니라
자신들이 생각하는 대로 당신을 평가한다."

"진실은 상대적이 아니라 절대적이다.
최선을 다해 정확하게 100퍼센트 정직해야 한다."

"당신에게 닥친 위기 때문에 다른 사람도 피해를 본다면
불공평한 일이다."

"짙은 안개를 형성하기 위해 사용하는 두 가지는 바로 끊임없는
걱정과 늘 부정적인 감정이다. 걱정과 부정적인 반응으로 생긴
안개는 너무 짙어서 어떻게 움직여야 할지 알 수 없다."

"근심한다고 막을 수 있는 일은 없다. 근심은 사람을
무력하게 만들고 무력해지면 별로 좋은 일이 생기지 않는다."

"사실을 알지 못할 때 당신이 두려워하는 최악의 상황이 생길
거라고 상상하는 건 버릇이며 그리고 나서 상상한 내용을 바탕으로
추측한다. 그렇게 한 추측은 언제나 거의 틀리다. 상상력을 발휘해
알지도 못하는 사실에 대처하려는 건 그만두자."

"낙관적인 사람들은 기회를 발견한다. 그리고 부정적인 사람은
스스로 만든 안개에 갇혀 눈앞에 놓인 가능성을 볼 수 없다."

"준만큼 얻는다. 긍정적이고 낙관적이며 열정적으로 인생을 사는
사람들과 함께 있고 싶다면 당신도 그래야 한다."

"회사 문제를 집으로 끌어들이지 말고 가족에게 최선을 다하자."

"어떤 상황에서도 방법을 찾아볼 수 있고
그중엔 언제나 내가 할 수 있는 일이 있다."

"모두가 한 번 이상은 실패하니 실패하는 건 괜찮지만
같은 실패를 반복해선 안 된다.
그리고 실패에서 배운 교훈을 외면하는 건 좋지 않다."

"진실이 달라지길 바란 나머지 현실을 외면하는 사람도 있다.
그래서 사람들은 진실을 짓밟거나 무시한다."

"진실이 아무리 고통스럽더라도 자신에게 거짓말하는 건
절대 좋은 생각이 아니다. 진실을 존중해야 한다."

"난 실패를 통해 강하게 거듭났다. 실패에서 얻은 상처는
결국 아물면서 영광의 상처를 남겼다. 이미 잘못을 저지른 일에
연연하지 않고 다음 해야 할 일에 집중하는 법을 배워야 했다.
돌이켜 보면 실패 덕분에 겸손, 끈기, 용기를 배웠다.
실패는 날 행복과 성공으로 이끌어준 중요한 교훈이다."

"실수를 저지른 자신을 용서하는 방법을 배우는 것이
가장 어려웠지만 가장 중요했다. 내면의 평화를 찾아야 했다."

"용서는 대가를 바라는 거래가 아니라 선물이어야 한다.
대가를 생각하는 순간 용서는 거래가 된다."

"모든 것을 알 필요는 없다. 제대로 질문하고
부족한 부분은 최대한 빨리 채우면 된다."

"과거의 당신에게는 미래가 없지만 지금의 당신에게는 미래가 있다.
계속 배우고 발전하면서 앞으로 나아가자.
하다 보면 다음에 가야 할 길은 저절로 나타난다."

"그저 행운이 따르기를 바라며 희망을 품을 순 없다.
적극적으로 행운이 있는 방향을 향해 움직여야 한다."

"배우면 배울수록 행운이 따른다."

"성공하는 사람들은 열심히 책을 읽는다는
공통적인 특성을 보인다."

"긍정적인 사람은 자석처럼 행운을 끌어당긴다."

"갈등을 회피한다고 문제가 해결되는 건 아니다. 사실 오히려
내버려 두면 상황을 더 악화시킨다. 자신감을 무너뜨리며
당신을 괴롭힌다. 누구에게도 도움이 되지 않는다."

"언젠가섬에 사는 주민은 '언젠가는 할 거야' 아니면 '언젠간
가야지'라고 외친다. 지금까지 섬에서 햇볕을 쬐고 아무 일도
하지 않으면서 상황이 저절로 나아진 적은 한 번도 없었다."

"완벽한 시기는 없다. 시기가 완벽해지기 전에 나서서
무언가 하지 않는 한 아무것도 할 수 없을 것이다."

GOOD MENTOR

"중요한 여러 가지 일을 한꺼번에 처리하면
결국 동시에 여러 가지 중요한 일을 망치는 결과를 얻는다."

"멘토를 할 때 기분 좋은 일은 가르치는 사람이
배우는 사람만큼 아니 때로는 더 많이 배운다는 것이다."

"사는 방법을 잊어버릴 정도로 바쁘게 살지 말자."

굿 멘토

당신이 성공하기로 결정한 순간

초판 1쇄 발행 2021년 12월 20일
초판 2쇄 발행 2021년 12월 31일

지은이 데이비드 코트렐   **옮긴이** 박은지
펴낸이 김기용 김상현

편집 전수현 김승민   **디자인** 이현진
마케팅 조광환 김정아 남소현

펴낸곳 필름(Feelm) 출판사
등록번호 제2019-000086호   **등록일자** 2016년 6월 13일
주소 서울시 영등포구 양평로30길 14, 세종앤까뮤스퀘어 907호
전화 070-8810-6304   **팩스** 070-7614-8226
이메일 office@feelmgroup.com

필름출판사 '우리의 이야기는 영화다'

우리는 작가의 문체와 색을 온전하게 담아낼 수 있는 방법을 고민하며 책을 펴내고 있습니다.
스쳐가는 일상을 기록하는 당신의 시선 그리고 시선 속 삶의 풍경을 책에 상영하고 싶습니다.

홈페이지 feelmgroup.com   **인스타그램** instagram.com/feelmbook

ⓒ 데이비드 코트렐, 2021

ISBN 979-11-88469-91-8 (03190)